AF473332

UNIVERSITÉ DE FRANCE.

HAUTE COMMISSION DES ÉTUDES DE DROIT.

DÉLIBÉRATIONS DES FACULTÉS DE DROIT

SUR LES QUESTIONS PROPOSÉES A LA HAUTE COMMISSION

PAR

M. LE MINISTRE DE L'INSTRUCTION PUBLIQUE,

PRÉCÉDÉES

DU RAPPORT AU ROI

DE M. LE MINISTRE,

ET SUIVIES

DE DOCUMENTS STATISTIQUES SUR LES FACULTÉS DE DROIT.

1845.

Paris, imprimerie de P. Dupont, rue de Grenelle-Saint-Honoré, 55.

RAPPORT AU ROI.

20 février 1845.

SIRE,

L'instruction supérieure doit continuer à fixer toute la sollicitude du gouvernement de Votre Majesté. A mesure que l'enseignement primaire élève le niveau de la masse entière du peuple et que l'enseignement secondaire, toujours plus rempli, trop rempli peut-être, multiplie les études et les fortifie au sein de la partie instruite de la nation, l'enseignement supérieur, avec ses cinq ordres de Facultés et les établissements accessoires qui s'y rattachent, prépare une élite nombreuse de la jeunesse pour toutes les carrières, dont les travaux déterminent le rang des Etats dans l'échelle de la civilisation et dans l'opinion du monde. Là, Sire, il y a beaucoup à faire. Poursuivre l'œuvre du ministre illustre qui, cette année même, a demandé aux chambres la création de nouvelles Facultés des lettres; réaliser promptement la pensée d'en établir dans tous les grands centres d'études, pour rendre leurs cours accessibles et par suite obligatoires à la jeunesse des autres Facultés; donner ainsi aux maîtres un auditoire sérieux, le même pendant trois ou quatre années, et offrir aux élèves, avec un utile emploi de leurs loisirs, cette haute instruction dont la diffusion se fait sentir chez plusieurs grands peuples de l'Europe; appeler dans ce but le Conseil royal à exercer tout entière une de ses plus hautes missions, celle d'intervenir régulièrement dans l'examen de tous les programmes, d'y établir l'uniformité, la progression, l'ensemble, de les rendre partout pratiques quoique élevés, d'en écarter religieusement la frivolité et la politique, deux expédients qui sont également indignes de la gravité du professorat, et qui ont pu quelquefois sembler nécessaires pour assurer un public à des chaires auxquelles l'état actuel de l'institution n'en donnait pas; tel sera, Sire, l'objet des soins assidus de l'Université. Par là, elle contribuera puissamment à coordonner et à fortifier toutes les études, à affermir et à étendre dans les classes éclairées les résultats de la première éducation, à accomplir enfin cette œuvre qui doit être notre pensée et notre travail de chaque jour : tenir haut de plus en plus le niveau de la société française dans un état du monde où la concurrence va s'établissant entre tous les peuples, comme elle est établie déjà entre toutes les classes de la nation par le bienfait de nos lois.

Ces vues, Sire, appellent naturellement l'attention de Votre Majesté sur celle des branches de l'enseignement supérieur qui, par tout l'ensemble de nos habitudes parlementaires d'aujourd'hui et d'autrefois, non moins que par les nombreuses et libérales professions qu'elle alimente (le barreau, la magistrature, l'administration, la politique), mérite d'être considérée comme l'un des éléments les plus solides de l'ascendant de l'esprit français. La science des lois se lie étroitement au principe même et à tous les développements de nos institutions. Elle a créé dans les mœurs publiques ce sentiment universel du droit qui est un ressort également puissant de l'ordre et de la liberté. Cette science séculaire, Sire, et éminemment française, est redevable à Votre Majesté d'une création qui a déjà fait beaucoup pour les Facultés où elle est enseignée, et qui doit faire plus encore. La haute commission des études de droit, composée de magistrats et de jurisconsultes que le professorat tout entier a reconnus pour les maîtres de la science, aidera l'Université à introduire partout les progrès sûrs et féconds. Aussi zélée qu'illustre, elle avait en quelques séances préparé des améliorations que le Conseil royal a heureusement appliquées, sous l'autorité d'habiles et savants Grands-Maîtres, au régime de nos écoles. Les inspections accomplies au sein de ces écoles par les membres mêmes de la haute commission, le rétablissement légal de l'inspection générale qui a été la suite de ces inspections éclatantes et officieuses, la création d'un vaste système de prix dans les Facultés, la constitution des cours libres, d'autres mesures qui ont passé dans les règlements et fortifié les études, sont autant de témoignages de l'efficacité de cette institution. On voit ainsi l'Université chercher en dehors d'elle-même et s'approprier, pour mieux remplir sa tâche, des lumières et des renommées dont le concours lui est à la fois une force et un honneur.

Plusieurs questions, Sire, appelleront immédiatement la sollicitude de la commission. A Paris, une chaire d'histoire du droit reste depuis longtemps vacante. A Toulouse, l'enseignement du droit public a une existence uniquement nominale. Cet état de choses doit-il continuer? — Partout le droit criminel et la procédure sont confondus dans un seul cours. Les lois pénales, étude si élevée dans les principes, si pratique et si importante dans l'application, ne sont pas en réalité enseignées. Y a-t-il lieu de dédoubler ces chaires? — La Faculté de Paris renferme dans son sein plusieurs enseignements particuliers qui ne peuvent pas être tous obligatoires pour les élèves de cette grande école. Quels sont les moyens de coordonner ces enseignements et de les rendre tous également utiles? — Le droit administratif, germe heureux déposé au sein de nos Facultés par un grand esprit, n'a pas pris dans les études une place suffisante, parce qu'il est isolé. Ne conviendrait-il pas de lui donner l'appui de quelques autres branches du même ordre de connaissances et d'études? Et comme dans l'ancienne Université on distinguait les docteurs en droit criminel, les docteurs en droit civil, ne pourrait on pas avoir, à côté des gradués ordinaires, des gradués particuliers dans le droit administratif et politique? Dans ce système, les sciences administratives et politiques, plus largement professées, feraient cependant partie des Facultés de droit agrandies. Elles seraient une annexe de la Faculté de Paris. — Ne devraient-elles pas, au contraire, former une Faculté nouvelle, la digne fille du temps où nous sommes et du gouvernement éclairé et libre qui est le nôtre? La diplomatique et toutes ses branches, le droit des gens, le droit international, c'est-à-dire le droit des gens appliqué à toutes les matières d'Etat et de commerce, l'histoire des traités qui est l'histoire même de la constitution des Etats, le droit public de l'Europe actuelle, le droit maritime si essentiel aux rapports des nations commerçantes et plein de questions ou de règles dont les derniers temps ont révélé toute l'importance, l'étude des codes et des juridictions militaires, celle de tout notre système de gouvernement et d'administration, notre régime financier si vaste et si nouveau, l'économie politique, notre ancien droit coutumier, notre nouveau droit constitutionnel, les institutions comparées des grands gouvernements représentatifs, le droit ecclésiastique enfin, qui a eu une si grande part dans l'origine et la suite de toutes les institutions civiles, qui comprend d'ailleurs toutes les difficultés et tous les problèmes des rapports de l'Etat et de l'Eglise, toutes ces sciences ont été professées autrefois, avec un grand éclat, dans les Universités. Elles le sont encore, pour la plupart, dans tout le Nord ; elles le sont en Allemagne, en Angleterre, en Italie. Elles ne le sont en France nulle part, ou n'occupent à peine que deux ou trois chaires, sans lien entre elles, ne composant point un cours d'études, ne contribuant en rien à former la pépinière des serviteurs civils de l'Etat. Serait-il bien de rassembler toutes ces sciences, sous l'une des deux formes qui viennent d'être indiquées, en un même faisceau? Cet ordre nouveau de connaissances et d'épreuves ne préparerait-il pas utilement à l'Etat des magistrats, des administrateurs, des représentants de l'intérêt et du droit de la France au dehors? N'attirerait-il pas aussi ces jeunes hommes des classes éclairées qu'on voit s'inscrire aux écoles de droit sans se destiner au barreau, ceux qui, sans se mettre directement par des fonctions au service de la chose publique, aspireraient simplement à tenir leur place d'une manière honorable dans la commune, dans le département, dans l'Etat? Aujourd'hui toute la jeunesse qui se destine aux carrières civiles et politiques a devant soi plusieurs années qui ne sont pas remplies. Un noble et sûr emploi de ces années pleines de péril et d'incertitude leur serait donné. La seule obligation de suivre certains cours et de prendre certains grades deviendrait une garantie qui élèverait tous les services dans la considération générale; nous assurerions des magistrats de tous les ordres plus préparés à leur mission, et nous développerions des éléments nouveaux de la supériorité nationale.

Il est des questions relatives à la constitution même du professorat, qui appelent un prompt examen. Doit-il y avoir des agrégés pour constituer un premier degré dans l'enseignement? Quel ordre d'épreuves lierait les deux degrés du professorat l'un à l'autre? Enfin, pourrait-on concilier l'inamovibilité, qui est nécessaire à la dignité de la situation et à la sécurité des personnes, avec le mouvement ascendant qui fait les efforts généreux et qui les soutient! Une partie des nombreuses chaires qui sont ou qui seraient spéciales à la Faculté de Paris ne pourraient-elles pas être réservées, dans des formes et selon des règles certaines, aux professeurs éminents qui honorent les autres Facultés, de sorte qu'il s'établirait, entre les départements et la capitale, un utile échange des talents allant se faire connaître et se développer dans les départements, venant dans la capitale chercher la récompense de leurs succès et trouver la plus belle de toutes, celle qui consiste à être plus utile, en l'étant sur un plus vaste théâtre? Ces pensées, Sire, ont besoin d'être étudiées. La haute commission les mûrira.

Je demande à Votre Majesté, Sire, la permission d'appeler dans le sein de la commission M. Giraud, ancien professeur, membre de l'Institut, nommé dans ces derniers temps aux fonctions nouvelles d'inspecteur général du droit, qui prendra le titre de secrétaire de la commission; et M. Schutzenberger, maire et député de Strasbourg, professeur de droit administratif à la Faculté de cette ville, Faculté dont l'éclat a été si grand sur cette frontière des deux peuples qui ont porté le plus loin l'étude de toutes les branches de la science.

Quand la commission fut instituée, les Facultés de droit n'étaient pas représentées dans le Conseil royal. Elles le sont aujourd'hui par un pair de France, doyen de la Faculté de droit de Paris. Votre Majesté trouvera bon que la présidence, dans le cas d'absence du Grand-Maître, lui soit dévolue, pour marquer davantage le lien qui rattache l'intervention officieuse et consultative de la commission à l'action du Conseil royal, dans lequel se résument l'autorité et les lumières de l'Université. C'est ainsi que toutes les forces concourront efficacement à ce travail de progrès régulier, mais soutenu, qui est le besoin du temps où nous sommes et dans lequel le gouvernement de Votre Majesté doit chercher sa gloire et sa force.

Le ministre de l'instruction publique, Grand-Maître de l'Université,

SALVANDY.

Approuvé :

LOUIS-PHILIPPE.

Par le Roi :

Le ministre de l'instruction publique, Grand-Maître de l'Université,

SALVANDY.

La haute commission des études de droit est composée ainsi :

MM. ROSSI, membre du Conseil royal, doyen de la Faculté de droit de Paris, pair de France;

Le comte PORTALIS, premier président de la cour de cassation, pair de France;

DUPIN, procureur général à la cour de cassation, membre de la chambre des députés;

LAPLAGNE-BARRIS, président à la cour de cassation, pair de France;

BÉRENGER, conseiller à la cour de cassation, pair de France;

GIROD (de l'Ain), président du contentieux du conseil d'État, pair de France;

FRANCK-CARRÉ, premier président de la cour royale de Rouen, pair de France;

HARDOIN, président à la cour royale de Paris;

BLONDEAU, professeur et ci-devant doyen à la Faculté de droit de Paris;

DE FOUGÈRES, professeur à la Faculté de droit d'Aix et recteur de ladite Académie;

SCHUTZENBERGER, professeur à la Faculté de droit de Strasbourg, membre de la chambre des députés;

GIRAUD, inspecteur général du droit, membre de l'Institut, secrétaire de la commission.

Lettre adressée par M. le Ministre de l'Instruction publique à MM. les doyens des Facultés de droit, en leur envoyant copie du rapport au roi, en date du 20 février 1845.

29 mars 1845.

Monsieur le doyen, mon premier soin devait être et a été de me rendre compte de l'état actuel des études et des Facultés de droit, des améliorations qui y ont été introduites pendant ces dernières années, de celles que leur régime peut réclamer encore. Dès le 20 février, je me suis entouré des lumières de la haute commission des études de droit, et lui ai exposé les vues que vous trouverez consignées dans un rapport que j'avais eu l'honneur de soumettre au Roi et dont la copie est ci-jointe.

Je verrai avec plaisir que vous réunissiez la Faculté pour lui donner connaissance de ce rapport et appeler ses délibérations sur les diverses questions qui y sont indiquées, ainsi que sur toutes celles du même ordre et de la même nature qu'il vous paraîtrait opportun de soumettre aux méditations de la haute commission et à celles du Grand-Maître et du Conseil royal. Vous voudrez bien me transmettre sans retard le procès-verbal de ladite délibération.

Ces communications, en vous prouvant toute la sollicitude de l'Université pour le professorat et pour la science, et le prix qu'elle attache au concours de la Faculté dont vous êtes le chef, ne peuvent que nous rendre plus facile à tous d'atteindre notre but commun, le bon accomplissement de la mission qui nous est confiée.

Recevez, Monsieur le doyen, l'assurance de ma considération très-distinguée,

Le ministre de l'instruction publique, Grand-Maître de l'Université,

SALVANDY.

Lettre adressée par M. le ministre de l'instruction publique à MM. les doyens des Facultés de droit, sur le cumul des fonctions de professeur avec l'exercice de la profession d'avocat.

8 avril 1845.

Monsieur le doyen, des faits graves et notamment un fait récent (1) ont montré les inconvénients pour la dignité du professorat qu'entraîne le cumul des fonctions de professeur avec celles d'avocat. Quoique l'Université pût changer cet état de choses de sa propre autorité, j'attache un grand prix en semblable matière à connaître l'opinion des Facultés de droit, et je vous prie de comprendre ce point parmi les questions sur lesquelles ma lettre-circulaire du 29 mars a appelé leur attention.

Recevez, Monsieur le doyen, l'assurance de ma considération très-distinguée.

Le ministre de l'instruction publique, Grand-Maître de l'Université,

SALVANDY.

---

(1) Peine de discipline infligée par une cour royale à un professeur en droit par suite de sa plaidoirie en qualité d'avocat.

UNIVERSITÉ DE FRANCE.

DÉLIBÉRATIONS

DES FACULTÉS DE DROIT

SUR LES QUESTIONS PROPOSÉES A LA COMMISSION DES HAUTES ÉTUDES DE DROIT,

PAR

M. LE MINISTRE DE L'INSTRUCTION PUBLIQUE.

I.

FACULTÉ DE DROIT D'AIX.

L'an 1845 et le 21 du mois d'avril la Faculté de droit s'étant réunie dans la salle de ses délibérations, où étaient présents M. Bouteuil, doyen, MM. Cresp, Etienne et Cabantous, professeurs, MM. Grelleau et Martin, professeurs suppléants, M. Carles, suppléant provisoire, et M. de Jullienne, secrétaire.

M. le doyen a donné communication de deux lettres à lui adressées par M. le ministre de l'instruction publique, l'une à la date du 29 mars dernier, et l'autre à celle du 8 avril courant, ainsi que d'un rapport présenté au Roi par Son Excellence le 20 février précédent, sur les changements et améliorations à faire dans diverses branches de l'enseignement supérieur, notamment dans celui des écoles de droit.

Par la première des lettres ci-dessus relatées, M. le ministre de l'instruction publique exprime le désir de connaître l'opinion des Facultés sur les diverses questions indiquées dans son rapport, ainsi que sur toutes celles du même ordre et de la même nature qu'il paraîtrait opportun de soumettre aux méditations de la haute commission des études de droit et à celles du Grand Maître et du Conseil royal.

Par la seconde, Son Excellence appelle également l'attention des Facultés sur le point de savoir si les fonctions de professeur sont ou non compatibles avec celles d'avocat, attendu les inconvénients graves que leur cumul paraît entraîner, et qui en seraient résultés tout récemment pour la dignité du professorat.

Après cet exposé, M. le doyen a invité la Faculté à faire d'abord toutes les propositions qu'elle jugerait convenables sur les innovations et réformes utiles à introduire dans l'enseignement du droit et à délibérer ensuite sur les diverses questions ci-dessus indiquées, ainsi que sur toutes celles qui pourraient s'y rattacher d'une manière plus ou moins directe.

Avant d'entrer dans l'examen des questions qui lui sont soumises, la Faculté croit devoir présenter une observation générale qui lui paraît de nature à en faciliter la solution. Il conviendrait que le nombre des années d'études requises pour la licence fût porté à quatre années, au lieu d'être seulement de trois comme aujourd'hui. La Faculté insiste sur ce point, parce qu'elle est convaincue que, sans cette prorogation, l'extension de l'enseignement serait plutôt nuisible qu'utile. On risquerait, en effet, de surcharger la mémoire de l'étudiant et d'affaiblir son attention en la dispersant sur trop d'objets, et l'on exposerait l'instruction supérieure à un reproche qu'elle n'a pas encore mérité, celui d'être *trop remplie;* reproche dont M. le ministre ne juge pas que l'instruction secondaire soit complétement exempte.

Il est d'ailleurs une raison décisive pour reculer le terme ordinaire des études en droit. Le Code civil, qui forme la base de l'enseignement, ne peut jamais être expliqué en entier, quel que soit le zèle du professeur, dans l'espace du cours triennal; une année de plus permettrait de combler cette lacune et d'approfondir davantage la partie actuellement enseignée. La mesure que la Faculté réclame est donc aussi nécessaire pour le complément de l'enseignement que pour son extension; elle est le préliminaire obligé de toute réforme efficace.

Sous le bénéfice de ces réflexions, la Faculté va examiner les diverses questions proposées par M. le ministre.

Celles de ces questions qui intéressent toutes les Facultés de droit peuvent être ramenées à cinq chefs principaux.

1° L'obligation pour les étudiants de suivre les cours des Facultés des lettres;

2° Le dédoublement des chaires de procédure civile et de législation criminelle;

3° L'extension de l'enseignement administratif et politique;

4° La création d'un corps d'agrégés et la promotion des professeurs;

5° Le cumul des fonctions de professeur avec celles d'avocat.

§ 1er.

De l'obligation pour les étudiants de suivre les cours des Facultés des lettres.

La Faculté apprécie les nombreux avantages que doit procurer aux étudiants en droit la fréquentation des cours littéraires. Elle se fera toujours un plaisir et un devoir de la leur faciliter, mais elle ne croit pas qu'il soit utile de la leur imposer d'une manière expresse.

Plusieurs étudiants, par le caractère de leur première éducation, par la nature de leur esprit, manquent d'aptitude et de goût pour l'étude des lettres, tandis qu'ils peuvent parfaitement réussir dans celle du droit. Il serait injuste pour cette classe d'étudiants, plus nombreuse qu'on ne le pense communément, de l'astreindre à un enseignement dont elle n'aurait pas fait choix, en la détournant de celle qui répondait à sa vocation et à ses vues d'avenir. Parmi ceux pour qui la littérature a autant ou plus d'attraits que la jurisprudence, beaucoup, obligés de partager leurs temps entre l'une et l'autre, négligeraient peut-être la seconde, ce qui serait contraire à la fois à leur intérêt, bien entendu, et au vœu de leurs familles.

La Faculté a été vivement touchée de ces considérations, elle s'est, en outre, préoccupée des difficultés d'application que présenterait la mesure proposée par M. le ministre et qui ne pourraient qu'être aggravées par l'extension projetée dans le cadre de l'enseignement juridique. Si toutefois, M. le ministre ne croyait pas devoir sanctionner l'opinion de la Faculté, celle-ci demanderait que les cours littéraires ne fussent rendus obligatoires qu'avec certaines restrictions de temps et de nombre. L'obligation devrait être limitée aux deux premières années d'études en droit, et à deux ou trois cours au plus pour chaque année. Moyennant ces conditions, la mesure dont il s'agit présenterait peu d'inconvénients, surtout si l'on prolongeait la durée des études de droit, ainsi que la Faculté l'a proposé.

§ 2.

Du dédoublement des chaires de procédure civile et de législation criminelle.

La création d'une chaire spéciale dans chaque Faculté, pour l'enseignement du droit criminel, est depuis longtemps reconnue nécessaire et urgente; l'espace d'une année ne peut même suffire à l'explication du Code de procédure civile, et il faut cependant que le professeur trouve le moyen de consacrer quelques leçons au droit criminel, surtout depuis qu'un arrêté récent en a fait une des matières obligatoires du second examen, sans doute le zèle suppléé au temps; mais on n'atteint le but qu'en ôtant à l'un des deux enseignements ce qu'on accorde à l'autre. Le dédoublement proposé est donc d'une incontestable utilité : la Faculté en désire la prompte réalisation qu'elle considère comme la conséquence naturelle et directe de l'arrêté précité.

§ 3.

De l'extension de l'enseignement administratif et politique.

La Faculté n'a pas à se prononcer sur l'opportunité de la création d'un vaste enseignement administratif et politique, ni sur la question de savoir si cet enseignement devrait former une annexe de la Faculté de droit de Paris, ou être érigé en Faculté distincte. Dans un ordre d'intérêt qui la touche de plus près, elle estime qu'il serait utile d'étendre à toutes les écoles de droit du royaume ce qui existe déjà dans celles de Paris et de Toulouse. En généralisant l'institution des chaires de droit public, le professeur de droit administratif se trouverait ainsi déchargé de toute la partie politique de son enseignement, ce qui lui permettrait de donner plus de développement à la partie technique, si variée, si importante et d'une si grande utilité pratique.

§ 4.

De la création d'un corps d'agrégés et des promotions des professeurs.

L'institution actuelle des suppléants est excellente; il n'y a pas lieu d'y apporter des changements essentiels; il faut seulement la développer et l'étendre, sous le nom d'agrégation, si ce nom paraît préférable à celui qu'elle porte aujourd'hui. Mais les agrégés ne devraient pas être autre chose que les suppléants actuels. Ils ne ressembleraient par conséquent ni aux agrégés des Facultés de médecine, qui ne restent en exercice que durant un nombre d'années limité, ni aux agrégés des Facultés des sciences et des lettres ou des colléges, qui n'acquièrent qu'un brevet d'aptitude et ne sont pas certains d'être attachés à quelqu'un de ces établissements.

L'agrégation en droit doit être une carrière, parce que, à la différence de la médecine, où l'on cumule habituellement la théorie et la pratique, la jurisprudence exige le plus souvent que l'on opte pour l'une ou pour l'autre. Il faut donc que les agrégés trouvent dans leurs titres et leurs fonctions plus que des espérances et des éventualités, il faut qu'ils y trouvent une position actuelle et sûre. Par suite, leur nombre, au lieu d'être indéfini, doit être exactement proportionné aux besoins du service. La Faculté considérerait toute réforme conçue dans un esprit différent, comme aussi funeste aux intérêts de la science qu'à ceux du professorat.

Conformément aux principes qu'elle vient d'exposer, la Faculté pense :

1° Que, dans chaque école, le nombre des agrégés devrait être double de celui des suppléants actuels, ce qui assurerait le service dans tous les cas et permettrait de multiplier les cours complémentaires ;

2° Que le titre d'agrégé devrait être donné au concours, suivant les formes et sous les conditions déterminées par les règlements en vigueur pour les concours aux suppléances, sauf à renforcer de plus en plus les épreuves, et à apporter tels changements que l'expérience suggérerait.

L'agrégation formerait un premier degré dans l'enseignement du droit. Pour s'élever au second degré et devenir professeur, la Faculté ne juge pas qu'un nouveau concours fût nécessaire. Autant ce genre d'épreuves est indispensable pour ceux qui n'ont pu encore justifier de leur aptitude, autant il est superflu pour des hommes qui, dans les examens et les cours complémentaires, ont dû donner la mesure de leur mérite.

En conséquence, la Faculté proposerait :

1° De n'appeler aux chaires que des agrégés ou des professeurs qui demanderaient à permuter, sans préjudice de l'application des règlements actuels, relativement aux chaires de nouvelle création ;

2° De n'admettre, comme candidats aux chaires, que ceux d'entre les agrégés qui auraient au moins trois ans d'exercice ;

3° D'accorder indistinctement le droit à la candidature, dans toutes les Facultés, à tous les professeurs et à tous ceux des agrégés qui auraient le temps d'exercice ci-dessus fixé ;

4° De déférer la nomination au ministre qui devrait choisir sur deux listes de trois candidats chacune, présentées, l'une par les professeurs de la Faculté où la vacance aurait lieu, et l'autre par le Conseil royal de l'instruction publique.

Ce système, au moins dans son ensemble, et sauf les améliorations de détail dont il est certainement susceptible, paraît à la Faculté réunir les conditions essentielles d'une bonne organisation du professorat. Ces conditions, elle les résume en peu de mots : des concours sévères au début ; l'apprentissage de l'enseignement par l'enseignement lui-même ; un mode de nomination qui assure le succès au vrai mérite ; la promotion des professeurs devenue la règle, au lieu d'être une rare exception.

La Faculté ne se flatte pas d'avoir pleinement résolu le problème difficile de la réorganisation du professorat ; elle s'est efforcée surtout de rattacher à l'institution actuelle les modifications qu'elle a proposées, persuadée que le présent est le meilleur guide vers l'avenir, et qu'un esprit de prudente réserve peut seul inspirer des réformes utiles et durables.

§ 5.

Du cumul des fonctions de professeur avec celles d'avocat.

C'est une question véritablement grave et délicate que celle de savoir si ce cumul présente des inconvénients réels et de nature à faire admettre une incompatibilité légale ; aussi la solution paraît-elle dépendre entièrement de la manière dont on croit devoir l'envisager.

Sous le rapport de la considération attachée à l'une et à l'autre de ces fonctions, on ne saurait disconvenir qu'elles peuvent être non-seulement mises en parallèle, mais encore que leur exercice simultané contribue singulièrement à rehausser leur éclat respectif, lorsque le talent de la parole, d'une part, et le profond savoir de l'autre, se prêtent un mutuel appui, viennent éclairer la doctrine et la jurisprudence, en facilitant l'interprétation des lois par l'heureux concours de la science à la fois théorique et pratique.

C'est sans doute à raison de ces avantages généralement sentis et appréciés que les professeurs choisis autrefois dans les rangs du barreau ou parmi les jurisconsultes, avaient toujours conservé la faculté de suivre une carrière honorable, où la confiance publique les appelait de tous ses vœux, et à laquelle celle de l'enseignement venait chaque jour donner un nouveau lustre.

En serait-il autrement aujourd'hui, et la dignité du professorat pourrait-elle se trouver compromise par le cumul d'autres fonctions qui ont des rapports si intimes et, l'on pourrait même dire, si nécessaires entre elles ?

La Faculté ne le pense pas, et les motifs déterminants de son opinion se puisent dans la conviction où elle est que l'avocat, décoré du titre de professeur, comprendra facilement la nature de la haute mission qu'il est appelé à remplir, l'étendue des nouveaux devoirs qu'elle lui impose, et saura certainement se respecter assez lui-même pour les accomplir consciencieusement et ne pas sacrifier à des calculs intéressés ces convenances de position dont il ne saurait se montrer trop religieux observateur.

Si néanmoins, dans leur sollicitude éclairée pour l'instruction supérieure, le Grand Maître de l'Université, la haute commission des études et le Conseil royal croyaient à la possibilité de quelques inconvénients graves, lors même qu'ils pourraient résulter du fait individuel d'un ou de plusieurs membres du corps enseignant, plutôt que de l'ordre de choses actuellement établi, la Faculté estime que la prohibition du cumul, si elle était érigée en principe, ne devrait jamais s'étendre aux avocats consultants qui sont dans une position, pour ainsi dire, exceptionnelle.

En effet, outre que leur vie est entièrement consacrée à l'étude et à la retraite, leurs méditations continuelles et les connaissances pratiques qu'ils acquièrent journellement, concourent d'une manière trop efficace au progrès de l'enseignement, au développement de la science et à la saine application des lois, pour que l'on pût, sans injustice, leur interdire l'exercice de fonctions qui sont à la fois si éminemment utiles à leurs élèves et à la société tout entière.

Aussi la Faculté n'hésite-t-elle pas à croire que ces considérations majeures seront appréciées à leur juste valeur, l'expérience de tous les temps ayant démontré que le professorat n'avait jamais rien perdu de sa dignité en s'alliant à la noble mission du jurisconsulte.

Délibéré à l'unanimité à Aix, les jour, mois et an susdits.

(*Suivent les signatures.*)

II.

FACULTÉ DE DROIT DE CAEN.

Aujourd'hui 15 avril 1845, se sont réunis MM. G. Delisle, doyen; Demolombe, Deboislambert, Feuguerolles, Trolley, Bayeux et Devalroger, professeurs de la Faculté de droit de Caen, lesquels ont chargé M. le doyen de ladite Faculté d'adresser à M. le Ministre de l'instruction publique la réponse suivante à ses deux lettres des 29 mars et 8 avril.

Monsieur le Ministre,

La Faculté de droit de Caen a consacré huit séances à l'examen des questions que soulève votre rapport au Roi du 20 février dernier; elle a l'honneur de vous adresser son travail, s'estimant heureuse si Votre Excellence y reconnaît quelques vues utiles et praticables, et n'aspirant qu'à vous donner une nouvelle preuve du dévouement complet de ses membres, aux progrès de la science et au développement de l'enseignement.

Pour mettre de l'ordre dans ce travail et répondre d'une manière plus méthodique aux diverses questions qui étaient à résoudre, nous avons divisé nos observations en trois parties. Dans la première, nous avons traité ce qui concerne l'enseignement du droit en général, sa durée et sa division. La deuxième comprend la nécessité des grades comme condition d'aptitude à diverses fonctions publiques et la collation de ces mêmes grades. Enfin dans la troisième, nous nous sommes occupés de l'organisation et du personnel des Facultés. Sous chacune de ces divisions principales sont venues se placer naturellement nos réponses aux questions de Votre Excellence.

§ 1er.

De l'enseignement du droit, de sa durée et de sa division.

1° M. le Ministre a dit, avec beaucoup de raison, que la science des lois se lie étroitement au principe même et à tous les développements de nos institutions.

Un enseignement qui est destiné à alimenter presque exclusivement les carrières libérales doit être complet.

Les lois des 1er mars 1802 et 13 mars 1804 et le décret du 21 novembre, même année, déterminaient les matières de l'enseignement, le droit civil français dans l'ordre établi par le Code civil, le droit romain dans ses rapports avec le droit français, la législation criminelle et la procédure civile et criminelle : voila ce qui existait pour les Facultés de province. Le cercle des études a été agrandi depuis : des chaires de droit commercial et de droit administratif ont été créés. Cet enseignement peut aujourd'hui paraître insuffisant.

Montesquieu a dit qu'il fallait *éclairer les lois par l'histoire et l'histoire par les lois;* la Faculté pense qu'un cours d'histoire du droit devrait être établi. « Le livre des lois, a dit aussi le savant M. Dupin, doit toujours être ouvert à côté du livre des faits : les circonstances contemporaines n'ont-elles pas influé sur les actes de la législation ? »

Les institutions politiques, les mœurs sociales et la législation des peuples aux différentes époques de leur vie, sont peut-être plus utiles à connaître et à apprécier que les événements, les combats, les révolutions qui les ont agités : l'historien jurisconsulte et publiciste serait le meilleur.

Et en effet, ceux qui étudieraient l'histoire du droit sans être jurisconsultes ne comprendraient pas bien cette histoire, par la raison qu'il y a des points communs à toutes les législations et que la connaissance de ces points facilite l'intelligence de tout ce qui est spécial à chacune d'elles.

Que l'histoire du droit soit donc enseignée aux élèves par comparaison avec le droit actuel.

Le droit public et le droit administratif ont des rapports tellement intimes que leur enseignement doit émaner du même professeur, seulement la matière est si vaste qu'il conviendrait que le cours embrassât deux années d'études.

Dans ce cours on comprendrait toute la portion du droit canonique encore en vigueur, dont le surplus appartiendrait au cours d'histoire du droit.

La Faculté pense aussi que l'enseignement du Code de procédure civile doit être séparé de l'enseignement de la législation criminelle. Un cours de droit criminel comprendrait non-seulement les infractions prévues par le Code pénal; mais encore tout ce qui est régi par des lois spéciales, comme les contributions indirectes, les douanes et autres contraventions particulières, les lois concernant les militaires de nos armées de terre et de mer, l'instruction criminelle tant devant les juridictions ordinaires que devant les juridictions d'exception.

2° Quant à la durée des études, ce point a déjà fait la matière de sérieuses réclamations; si trois années pour la licence et quatre années pour le doctorat ont paru suffisantes lors de la réorganisation des Facultés de droit, et lorsqu'on était en présence d'un enseignement qui laissait tant à désirer, il est de la dernière évidence que ce temps ne suffit plus aujourd'hui, et qu'une autre répartition, une plus longue durée des cours sont vivement sollicités pour satisfaire à de justes besoins. Dans l'état actuel des choses, la troisième année d'études est écrasée, les deux premières sont incomplétement occupées. Trois années pour le baccalauréat, qui deviendrait un grade sérieux; quatre années pour la licence, et cinq années pour le doctorat, voilà ce que la Faculté juge indispensable.

3° Quelques mots maintenant sur la division des cours et l'emploi du temps des élèves.

En supposant nos idées admises, tant sur l'étendue de l'enseignement que sur la durée des études, voici ce que nous proposons :

La première année comprendrait, 1° l'étude des Institutes de Justinien; 2° le cours de Code civil, première partie; 3° le cours de droit criminel.

Pendant la deuxième année, les élèves suivraient: 1° un cours de Code civil, deuxième partie; 2° le cours de Procédure civile; 3° un cours de Pandectes.

Pour la troisième année, il y aurait 1° un cours de Code civil, troisième et dernière partie; 2° un cours de droit commercial, et 3° un cours de droit administratif, première partie.

Enfin à la quatrième année seraient réservées : 1° le cours de droit administratif, deuxième partie; 2° le cours d'histoire du droit, et 3° des conférences sur le Code civil.

Chaque année serait close par un examen sur les matières enseignées, indépendamment des thèses pour obtenir le grade de licencié.

Quant à la cinquième année, les aspirants au doctorat avant d'arriver à leurs deux examens et à leurs thèses suivraient des conférences de droit romain et des conférences approfondies sur toutes les parties du droit français, conférences alternativement présidées par les différents professeurs de la Faculté.

Par l'enseignement ainsi réglé et organisé, nous croyons satisfaire à toutes les nécessités. M. Dupin a fort bien dit que ce serait une erreur de croire que l'on sort des écoles de droit avec toutes les connaissances nécessaires : « On y apprend les « éléments de la science; on y apprend à étudier, disait d'Aguesseau. »

L'homme doit se nourrir de connaissances directes, indispensables, lesquelles sont l'objet d'un enseignement positif. A côté de cela sont ce que nous appellerions presque les connaissances collatérales, qui ne peuvent être l'objet que d'études privées et en quelque sorte volontaires. C'est à chacun de mesurer l'espace et de compter avec son temps. L'esprit humain n'est pas destiné à tout embrasser; et après l'acquisition de l'utile, de l'indispensable, celui qui voudra du luxe d'érudition devra se livrer à ses forces et travailler au cabinet; il n'a pas besoin de guide. Rejetons donc tout enseignement parasite qui, en éparpillant le temps et divisant l'intelligence et l'attention, s'opposerait nécessairement à cette forte et complète application si désirable sur les objets de l'enseignement normal.

§ 2.

De la nécessité des grades et de leur collation.

Le baccalauréat, après trois années d'études; la licence, après quatre années; le doctorat, après cinq années, voilà ce que nous réclamons. Mais nous n'entendons pas cependant exclure ce que l'on appelle aujourd'hui le certificat de capacité.

Quand toutes les carrières sont assiégées par une foule compacte d'aspirants, des conditions rigoureuses d'aptitude sont tout à la fois une garantie contre l'incapacité et un moyen d'échapper à d'importunes, à d'indiscrètes sollicitations.

La magistrature est un vrai sacerdoce, le professorat est une sorte de magistrature. Pour ces fonctions si élevées, si importantes, la Faculté pense que le doctorat devrait être exigé.

La licence, exigée aujourd'hui des avocats, serait encore indispensable aux greffiers des cours royales, aux notaires de chef-lieu, aux juges de paix, aux conseillers de préfecture.

Après trois années d'études le baccalauréat serait conféré à ceux qui voudraient devenir, soit avoués, soit greffiers des tribunaux civils et de commerce, soit notaires d'arrondissement ou de canton, et si le gouvernement se décidait à reconnaître une position légale aux agréés admis à postuler devant les juridictions commerciales, les mêmes conditions d'études et de grade seraient exigées d'eux.

Ici une observation importante ne doit pas échapper. Le baccalauréat ès lettres est en ce moment la première condition imposée pour l'admission aux inscriptions des étudiants qui aspirent à la licence et au doctorat en droit. Il a paru à la Faculté que cette exigence ne devrait pas s'étendre à ceux qui n'aspirent qu'au baccalauréat; mais que, toutefois, s'ils désiraient, après cette épreuve subie, continuer l'étude du droit, il devrait leur être permis de subir celle du baccalauréat ès lettres.

La Faculté a dit qu'elle n'entendait pas supprimer le certificat de capacité. Il pourrait être exigé des aspirants huissiers qui auraient suivi une année durant, 1° le cours de procédure civile; 2° le cours de Code de commerce, et 3° la partie du cours de Code civil consacrée à l'explication du titre des obligations. La même exigence atteindrait les greffiers des justices de paix; enfin les employés des administrations financières seraient astreints à suivre pendant une année le cours de Code civil dans lequel rentrerait aussi l'explication du titre des obligations, et le cours de droit administratif dans la partie concernant la hiérarchie administrative et tout ce qui tient aux impôts.

Tous les grades, après l'expiration du temps fixé pour les études, et les examens subis comme clôture de chaque enseignement, ainsi qu'il a été déjà énoncé, seraient conférés par les Facultés.

§ 3.

De l'organisation et du personnel des Facultés.

Nous ne croyons pas devoir nous préoccuper des questions financières, qui devront être portées au budget de l'instruction publique pour la réalisation de nos vues. On peut néanmoins faire remarquer que ces dépenses trouveraient une bien ample compensation dans ces innovations même que la Faculté propose d'introduire dans l'enseignement du droit.

On peut toutefois raisonner dans deux hypothèses :

1° Si le gouvernement se porte à créer de nouvelles chaires dans les Facultés des départements pour qu'elles ne restent pas trop inférieures à la Faculté de droit de Paris, nous recevrons sans doute avec gratitude cette augmentation d'importance et de personnel; il n'y aurait pas pour nous à organiser le service sur des bases nouvelles, avec un surcroît de travail pour chacun des professeurs.

2° Mais si de nouvelles chaires ne sont pas créées, comment pourrons-nous satisfaire à ce que nous n'hésitons pas à proclamer comme des nécessités de l'enseignement? Il a semblé à la Faculté qu'on pouvait atteindre ce but si désirable, sans des sacrifices trop coûteux à l'Etat; il s'agirait uniquement pour la Faculté de Caen, et pour celles qui sont dans ces mêmes conditions d'existence qu'elle, de la création de deux seules suppléances. Avec cette légère augmentation de personnel, il serait pourvu à tous les besoins.

Ce serait un suppléant qui serait chargé du cours de droit criminel, il en serait de même des cours de Pandectes et d'histoire du droit, et le professeur de droit administratif, divisant son cours en deux parties, consacrerait par chaque semaine deux leçons à la première partie et deux leçons à la deuxième partie.

Il est digne de remarque que cette augmentation de notre personnel, par la création de deux nouvelles suppléances, devrait paraître d'autant plus naturelle, que nous trouvons au *Bulletin des lois*, à la date du 29 mai 1830, une ordonnance royale qui avait crée d'office une troisième suppléance dans la Faculté de droit de Caen, à une époque où il n'était cependant pas question d'un enseignement aussi complet, aussi étendu que celui que nous sollicitons.

La Faculté a déjà, dans un précédent travail, réclamé le maintien du concours pour remplir les vacances dans les différentes chaires; mais elle s'associe à la pensée de M. le Ministre, et elle croit comme lui que l'inamovibilité du professeur s'allierait fort bien avec des permutations qui établiraient un utile échange entre les départements et la capitale, avec l'assentiment, bien entendu, du titulaire. Maintenez le concours pour les chaires, pour les suppléances; mais celui qui a affronté ces rudes épreuves et qui en est sorti vainqueur, doit pouvoir professer partout si vous l'en jugez digne. Le concours vous a donné toutes les garanties désirables; il ferme la porte aux médiocrités, il met le pouvoir à l'abri des surprises et de l'intrigue, les nullités ne peuvent se produire sous peine d'échouer.

La Faculté a examiné avec grand soin cette question de l'établissement d'un corps d'agrégés près les Facultés, et elle s'est demandé ce que l'on espérait de cette création? Que seraient les agrégés? Comment seraient-ils reçus? Comment seraient-ils choisis? Quelles seraient leurs fonctions?

S'il s'agit d'un ordre particulier placé au sein du corps enseignant, qui ne serait ni la suppléance ni le professorat; s'il s'agit d'une sorte de noviciat dans l'enseignement, offrant une expectative et créant des droits, comme rémunération de services rendus, nous ne pensons pas que l'idée soit heureuse. S'il s'agit de suppléance proprement dite, pourquoi changer la dénomination?

Les Facultés, telles qu'elles sont organisées, se suffisent à elles-mêmes, et suffisent, nous le croyons, aux besoins réels de la société. Les choses sérieuses et utiles sont enseignées par elles, avec cet avantage immense que la direction exégétique de nos cours, sans bannir les développements de la science, ses origines et ses progrès, est plus nette et plus rationnelle, comme conséquence et témoignage de la supériorité de notre législation et de nos institutions. Nos lois sont claires et judicieuses, et leur codification conduisait nécessairement à une étude positive et exacte du droit. La France heureusement n'est pas comme l'Allemagne en présence de traditions, d'usages ou d'une jurisprudence plus ou moins vague et incertaine : notre constitution politique ne nous amène pas pour ainsi dire quotidiennement à résoudre les plus graves problèmes sociaux. Nos Facultés s'attachent à former des citoyens aptes aux affaires publiques et à la défense ou au maintien des intérêts privés.

Enfin, par sa lettre du 8 de ce mois, M. le ministre de l'instruction publique a écrit à M. le doyen que « des faits graves, et particulièrement un fait récent, ont « fait voir les inconvénients, pour la dignité du professorat, du cumul des fonc- « tions de professeur avec celles d'avocat, » et Son Excellence invite également la Faculté à exprimer son avis sur ce point.

Nous avons cru qu'il convenait d'examiner cette importante question d'une manière complète, non-seulement sous le rapport de la dignité du professorat, mais aussi en ce qui concerne la composition du personnel des Facultés, la force des études et la bonne direction de l'enseignement public, au point de vue enfin de l'intérêt général de l'Université et de l'intérêt particulier des élèves.

La Faculté, après en avoir délibéré, est demeurée unanimement convaincue que la mesure qui interdirait aux professeurs de droit l'exercice de la profession d'avocat n'est réclamée par aucun inconvénient notable, et qu'elle aurait elle-même au contraire de fâcheux résultats à tous égards.

Et d'abord, quand à la position personnelle des professeurs, à cette bonne tenue, à cette dignité, à ce respect des convenances, qu'ils doivent incontestablement toujours garder, est-il exact de dire qu'ils sont exposés à en déchoir par la pratique des mœurs et des habitudes du barreau?

Comment une profession, dont l'honneur et la probité sont les premières lois, pourrait-elle altérer le caractère des professeurs et porter atteinte à leur considération? N'est-ce pas au barreau que se trouvent presque partout les hommes les plus considérables de la cité, et très-souvent aussi les représentants du pays dans les chambres législatives? Et n'a-t-on pas vu plus d'une fois d'anciens magistrats, et même des ministres, sortant des conseils du Roi, reprendre noblement leur robe d'avocat? Tous les jours enfin, les avocats juges suppléants ne vont-ils pas se placer à côté des magistrats, et sur le même siége? La vérité est que les Facultés de droit, loin de perdre ainsi de leur dignité, participent au contraire à l'importance, au crédit, à l'illustration que les professeurs peuvent acquérir au barreau, et qu'elles doivent souvent en partie à cette circonstance le rang élevé qu'elles occupent dans l'estime et dans la confiance du pays. Cette haute position, cette légitime influence ne doivent-elles pas en effet, tout à la fois, donner aux Facultés plus de célébrité et d'éclat? Ne pourrait-on pas même, sous d'autres rapports, trouver quelques avantages, quelques garanties dans une situation qui fait qu'au barreau des villes les plus importantes, il se rencontre des hommes chez lesquels le sentiment d'un devoir public doit tempérer et contenir ce qu'il y aurait parfois de trop vif et de trop emporté dans les entraînements même les plus généreux d'une profession libre et irréprochable.

Il ne nous semble donc pas que la dignité du professorat ni des Facultés puisse être ici compromise, et l'expérience en est assurément le meilleur témoignage. Nous croyons pouvoir dire que les rapports de la magistrature, du professorat et du barreau, n'ont jamais cessé à Caen d'être tels, que la Faculté a toujours eu le droit de s'en réjouir et de s'en trouver honorée. Nous ne connaissons personnellement aucun fait contraire: et ceux qui existent, et auxquels la lettre de M. le ministre fait allusion, sont assurément des exceptions, qui ne sauraient servir de base à une mesure générale et absolue. Quelle est la compagnie qui n'ait pas eu à déplorer quelque faute commise dans son sein? Et parce qu'un avocat peut de loin en loin oublier ses devoirs et s'exposer à des poursuites disciplinaires ou autres, il ne serait pas logique ni équitable d'en conclure qu'il faut empêcher les professeurs de plaider, pas plus qu'on ne doit sans doute refuser ses respects à la magistrature et au clergé, malgré les fautes rares et purement personnelles de quelques-uns de leurs membres ? La profession d'avocat serait-elle d'ailleurs interdite aussi aux suppléants des Facultés de droit? On ne le pourrait vraiment pas sans réduire cette position à une telle infériorité, que tous les jeunes gens de quelque valeur et de quelque avenir finiraient par s'en éloigner. Et pourtant, comment faire pour eux une exception, si la règle de l'incompatibilité avait en effet pour motif la dignité du professorat? car les professeurs suppléants font partie de la Faculté et portent la même robe que les titulaires ; et les jeunes professeurs ne sauraient être, sous le rapport de la dignité et de la bonne tenue, soumis assurément à de moindres devoirs.

Cette considération nous amène naturellement à ce qui concerne la composition du personnel des Facultés, et la manière dont elles pourraient se recruter à l'avenir si l'incompatibilité était prononcée. Or, nous pensons que, sous ce point de vue encore, la séparation de l'école et du palais pourrait avoir de dangereux résultats. Il est fort difficile, et, pour dire vrai, il est presque impossible même à celui qui se sent porté par une sorte de vocation vers l'enseignement du droit, de se proposer exclusivement cette carrière et de s'y destiner d'avance et d'une manière assurée. D'une part, en effet, le nombre des places est et doit être effectivement beaucoup moindre dans les Facultés que dans les autres fonctions publiques, telles que la magistrature ou les différentes administrations; et ce n'est qu'à d'assez longs intervalles qu'il s'y rencontre des chaires vacantes ; d'autre part, le mode de nomination aux chaires et aux suppléances ne permet pas aux plus présomptueux, ni même aux plus véritablement capables de considérer leurs succès autrement que comme une chance plus ou moins incertaine, subordonnée à tous les risques d'un concours où ils peuvent rencontrer un rival plus fort, etc.

Ajoutons que les longs travaux par lesquels il faut s'y préparer, que les fatigues et la publicité de la lutte ne sont le plus ordinairement affrontés que par des jeunes gens qui se trouvent dans la nécessité de se créer par eux-mêmes une existence indépendante... Eh bien, dans cet état de choses, que doit-il arriver ? C'est que les jeunes gens qui sortent des Facultés, ceux-là même qui pourraient se présenter dans les concours, s'il arrive qu'il s'en ouvre en temps opportun pour eux, c'est, disons-nous, qu'ils ne pourront pas le plus souvent attendre dans des études purement théoriques cette occasion douteuse et lointaine; c'est qu'ils ne pourront pas, qu'ils ne devront pas s'exposer à perdre ainsi tout leur avenir, et qu'ils entreront dès lors au barreau : et voilà bien en effet ce que nous voyons tous les jours. Maintenant, si on déclare l'incompatibilité entre les chaires de la Faculté de droit et le barreau, quel en sera le résultat ? De deux choses l'une : ou ces docteurs, devenus avocats, auront réussi à la barre, ou ils auront échoué. Dans le premier cas, pense-t-on qu'ils abandonneront leur clientèle pour affronter les dangers d'un concours public, si périlleux pour une réputation déjà faite, lorsque le succès devra les mettre dans la nécessité d'échanger un état lucratif et assuré contre une position moins productive? Cela n'est certes pas vraisemblable; quels seraient donc, dans ce système, les candidats des futurs concours? Des jeunes gens qui, pour la plupart, n'auraient pas pu marquer leur place ailleurs. Il ne faut pas se le dissimuler, en effet, la position des professeurs de droit, en province, n'est pas telle sous le rapport du traitement, quelle doive nécessairement attirer, au prix surtout des efforts par lesquels il faut l'atteindre, les hommes d'élite et vraiment supérieurs. Dans presque toutes les villes où siégent les Facultés de droit, il se trouve à côté d'elles un barreau de cour royale qui offre aux jeunes talents et aux nobles ambitions une voie de succès et d'avenir, plus avantageuse pécuniairement et non moins brillante sans doute. Est-il bien sûr qu'on fortifiera les Facultés, qu'on y appellera les hommes distingués par la science et par la parole, si on les force à choisir entre l'école et le barreau? N'y aurait-il point là, sous le rapport qui nous occupe en ce moment, sous le rapport de la composition du personnel des Facultés une cause très-regrettable d'affaiblissement et d'infériorité?

Cette cause, d'ailleurs, n'agirait pas d'une manière moins préjudiciable sur la bonne direction de l'enseignement, sur la force véritable et le progrès intelligent des études. Quel est, en effet, le devoir des Facultés? quel est leur but principal et essentiel? C'est l'enseignement du droit, c'est-à-dire d'une science positive, utile et pratique; c'est l'explication des lois du pays, devant la jeunesse destinée à les appliquer un jour, à les interpréter, à y obéir, ce que les Facultés doivent se proposer avant tout, c'est de préparer pour le service de l'Etat, de former pour les différentes carrières civiles, pour la magistrature, pour le barreau, pour l'administration, des hommes pénétrés de la saine intelligence des textes et du véritable esprit de nos lois; des hommes positifs et pratiques, de bons juges, de bons avocats, des avoués et des notaires capables, etc. Telle est la dette de l'Etat envers la masse, envers la généralité des étudiants. Tel est aussi son intérêt suprême, l'intérêt de la société tout entière, non moins que de tous ces jeunes gens qui viennent chercher dans nos cours une instruction précise et exacte, qui puisse leur permettre de faire et de devenir quelque chose dans le monde, de se créer pour eux-mêmes et pour leurs familles un état, une profession. A Dieu ne plaise que notre pensée soit de rabaisser, de ravaler la science du droit à une vaine connaissance de formules pratiques. Non sans doute, il n'est pas de science plus élevée, plus noble, plus intimement alliée à toutes les autres branches des connaissances humaines, à l'histoire, à la morale, à la philosophie; mais notre conviction n'en est pas moins constante que la science du droit proprement dite dans son caractère spécial, est surtout une science positive, une science active et d'application. Or, sous ce nouveau point de vue, il y aurait encore un véritable danger à proclamer la séparation de l'école et du palais, à consacrer officiellement, nécessairement le divorce entre la théorie et la pratique. Il serait fort à craindre que l'enseignement ne dégénérât bientôt en théories purement spéculatives, et en vaines abstractions plus ou moins inutiles ou dangereuses, qu'il ne perdît ainsi ce caractère d'utilité que doit toujours conserver l'enseignement professé au nom de l'Etat dans les chaires des Facultés. Qui sait s'il nous eût été donné d'admirer dans les œuvres de Pothier cette raison droite, ce sens surtout éminemment pratique, si l'illustre auteur n'eût pas été en même temps professeur et magistrat? Il est vrai que l'alliance de la magistrature et du professorat, quels que pussent être ses avantages, n'est pas en faveur aujourd'hui; et nous n'ignorons pas ce que ce sujet pourrait soulever aussi de difficultés et de résistance; mais si on ferme aux professeurs l'accès de la magistrature, il ne faudrait pourtant pas les isoler complétement et les priver, s'il est permis de parler ainsi, de toute communication avec le mouvement des affaires, avec la vie réelle. Car les professeurs, ainsi renfermés dans leurs Facultés, étrangers à l'étude des faits, à cette interprétation vivante des lois qui se fait par la pratique et par l'expérience, risqueraient beaucoup d'être bientôt dépassés et de devenir en peu de temps des jurisconsultes surannés. Il en est du droit comme de la médecine, ce sont là deux sciences qui, par leur application incessante aux besoins et aux intérêts de la société, de l'humanité, doivent en connaître ou suivre attentivement les progrès et les vicissitudes, et vivre, en quelque sorte toujours au milieu des faits. On ne comprend pas comment il serait possible d'interdire aux professeurs des Facultés de médecine l'exercice de l'art de guérir. Or, les mêmes motifs ne permettent pas davantage de priver les professeurs des Facultés de droit de cette utile expérience que donne la pratique du barreau. On peut craindre que les travaux de l'avocat empêchent le professeur de donner à son enseignement tout le soin et le temps convenables? Il est vrai; mais où est le bien qui ne soit pas mêlé de quelque alliage? Ne peut-on pas craindre aussi que le professeur écrivain, qui enrichit la science de ses découvertes, ne sacrifie lui-même ses leçons à l'objet de ses préoccupations particulières?

Il faut donc avoir quelque foi dans la puissance de ce sentiment du devoir qui anime tout homme bien né, dans cette nécessité d'ailleurs pour le professeur de monter en chaire et de payer de sa personne, dans la discipline intérieure des Facultés, paternelle, il est vrai, mais par cela même souvent plus persuasive et plus efficace.

Telles sont les considérations que la Faculté de droit de Caen soumet à l'attention éclairée et à la haute expérience de M. le ministre de l'instruction publique.

Nous avons l'honneur, etc. (*Suivent les signatures.*)

III.

FACULTÉ DE DROIT DE DIJON.

Dijon, le 2 avril 1845.

Monsieur le Ministre,

La Faculté de droit de Dijon a reçu, par l'intermédiaire de M. le doyen, la communication importante du *Rapport au roi* qui contient des vues si élevées et si bienveillantes sur l'état de l'enseignement du droit, en France, et sur les progrès dont il est susceptible. Malgré la préoccupation des travaux du concours, M. le doyen a voulu profiter de ma présence pour réunir sur-le-champ ses collègues, et prendre leur avis sur les questions indiquées ou soulevées par votre sollicitude éclairée. Cette réunion et cette délibération ont eu lieu sous ma présidence, et la Faculté m'a prié de vouloir bien vous en faire connaître le résultat. Je n'ai pas dû me refuser à cet honneur, bien que mon avis personnel soit demeuré réservé sur la plupart des matières engagées dans la discussion.

La première pensée de la Faculté a été d'abord de vous exprimer sa reconnaissance pour l'empressement avec lequel vos regards, en reprenant les rênes de l'administration universitaire, se sont portés tout d'abord sur les besoins du haut enseignement, et en particulier sur le service des écoles de droit qui vous devait déjà de si utiles et si profitables améliorations. Les vœux de la Faculté de Dijon sont bien prononcés pour la réalisation de toutes les réformes dont l'objet sera d'élever, conformément à votre généreuse pensée, l'enseignement des diverses parties de la science du droit. La Faculté applaudit donc, Monsieur le Ministre, aux vues générales qui sont si noblement indiquées dans la première partie du rapport; elle en secondera de tous ses efforts l'accomplissement et le succès.

Vous avez daigné, Monsieur le Ministre, demander l'avis de la Faculté de Dijon sur une série de questions, à l'égard desquelles elle va respectueusement soumettre son opinion à votre haute sagesse.

Sur la question relative à la chaire d'histoire du droit de la Faculté de Paris, à la coordination de divers enseignements particuliers dans la même Faculté, et à l'enseignement spécial du droit public dans une autre Faculté du royaume, MM. les professeurs de Dijon ont cru devoir se borner à s'en rapporter à la prudence de la commission des hautes études et du ministre éminent qui en dirige les travaux.

Sur la question relative à la séparation de l'enseignement de la procédure civile et de l'enseignement du droit criminel, et par conséquent à la création d'une chaire nouvelle dans les Facultés de droit, Messieurs de Dijon reconnaissent l'opportunité, les avantages et même la nécessité de cette nouvelle institution, surtout en l'état de la distribution actuelle des matières de l'enseignement. Il est impossible, en effet, qu'un seul professeur réponde complétement, dans le courant d'une année, aux besoins de ces deux enseignements si importants, aujourd'hui confondus dans une seule chaire. Mais, dans le cas où le droit criminel deviendrait l'objet d'un enseignement particulier, la Faculté de Dijon souhaite que l'option entre l'une ou l'autre de la chaire de procédure, ou de la chaire de droit criminel, soit laissée aux professeurs titulaires qui cumulent actuellement les deux charges. Cette option aurait l'avantage de satisfaire des prédilections qui seraient motivées sur des travaux spéciaux et positifs, et tournerait ainsi au profit de la science elle-même, dans les Facultés où le professeur de procédure a fait du droit criminel l'objet d'une application spéciale et d'une étude approfondie. J'ajouterai que c'est le cas particulier dans lequel se trouve, à Dijon, le professeur distingué qui remplit la chaire de procédure.

Sur la question de l'extension de l'enseignement administratif et politique, et de la création d'une Faculté spécialement destinée à l'éducation scientifique des candidats qui se destinent aux divers ordres de fonctions administratives et diplomatiques, la Faculté de Dijon craint que la centralisation de cette branche nouvelle du haut enseignement dans la capitale ne porte un coup fatal aux Facultés de province dont l'enseignement resterait incomplet et serait désormais insuffisant pour conférer l'aptitude générale à tous les emplois publics. La Faculté insiste sur l'expression de ses craintes à cet égard; il lui semble que les chaires spéciales de la Faculté de droit de Paris, l'enseignement du Collége de France, et les cours de droit administratif de toutes les écoles de droit peuvent satisfaire toutes les exigences sérieuses, tous les besoins légitimes et les convenances réelles des divers services administratifs. Ne serait-il pas nuisible, d'ailleurs, d'isoler le droit civil du droit administratif? Ne serait-il pas préférable de maintenir le *statu quo* en l'améliorant dans toutes les Facultés? Le bienfait de l'extension proposée serait ainsi plus complet; les Facultés en recevraient plus de lustre, et les grands centres d'éducation juridique ne seraient point amoindris au profit d'un seul, surtout si l'on reprenait un ancien projet dont l'abandon a été regrettable, peut-être, celui d'étendre à un plus grand nombre d'emplois et de fonctions l'obligation des grades universitaires?

Quant au projet de création d'un corps d'agrégés attaché à chaque Faculté, la Faculté de Dijon préférerait aussi que l'on conservât l'institution actuelle des suppléants qui, dans les écoles de province, lui paraît suffire aux nécessités du service. La Faculté désirerait seulement que l'avenir des suppléants fût mieux garanti qu'il ne l'est aujourd'hui.

La Faculté de Dijon s'en rapporte encore à la sagesse et à la justice du gouvernement ainsi que du ministre, en ce qui touche l'innovation désirable qui aurait pour objet d'ouvrir une sorte de carrière d'avancement aux professeurs de province, en leur facilitant, sous des conditions sagement combinées, l'accès d'une position plus élevée et d'un plus vaste théâtre. Elle exprime aussi le vœu que des permutations de chaires soient rendues praticables, non-seulement pour la transition d'une Faculté dans une autre, en province, mais encore dans le sein de la même Faculté, avec les garanties convenables.

Telles sont, Monsieur le comte, les observations que la Faculté de droit de Dijon m'a prié de mettre sous les yeux du ministre de l'instruction publique. Elle en confie l'examen et l'appréciation à votre prudence éprouvée, et elle réclame la conservation de la bienveillance particulière dont vous l'avez constamment honorée.

Je suis avec un profond respect,

Monsieur le Ministre,

de Votre Excellence,

Le très-humble et très-obéissant serviteur,

L'inspecteur général, président du concours,

CH. GIRAUD.

La question concernant le cumul des fonctions de professeurs avec celles d'avocat n'ayant pas été traitée par M. Giraud, la Faculté de Dijon a adressé directement à M. le ministre les observations suivantes sur ce sujet :

Nous avons mis à profit la présence au milieu de nous de M. Giraud, inspecteur général des écoles de droit, membre de la commission des hautes études, président de notre concours, pour lui exposer nos besoins, lui exprimer nos craintes, et lui faire connaître notre opinion sur les projets de réforme contenus dans votre rapport au roi. M. l'inspecteur général a bien voulu se charger d'être notre interprète auprès de Votre Excellence.

Nous n'avons plus, Monsieur le Ministre, qu'à vous soumettre respectueusement notre opinion sur la question du cumul de nos fonctions avec la profession d'avocat.

Nous avons hâte de le dire à Votre Excellence, tous les professeurs de notre école s'abstiennent de plaider. Quelques-uns d'entre nous, avocats occupés avant de devenir professeurs, ont renoncé à une riche clientèle pour se vouer aux paisibles travaux du professorat. Complétement désintéressés dans la question, nous sommes par conséquent, Monsieur le Ministre, dans les conditions désirables pour émettre notre avis.

Les lois, décrets et règlements universitaires en vigueur n'établissent point d'incompatibilité entre nos fonctions et la profession d'avocat. Cette incompatibilité n'existait point non plus dans les anciennes Universités; et nous pourrions citer à Votre Excellence plus d'un nom illustre dont s'honorèrent également l'école et le barreau.

Convient-il de changer cet état de choses? Nous ne le pensons pas.

Nous croyons qu'il est à la fois utile et convenable qu'un professeur ait le droit de consulter et même de plaider; qu'il soit inscrit au tableau des avocats, et qu'il puisse être élu bâtonnier, ou membre du conseil de discipline de son ordre. Tous ces titres ne peuvent qu'ajouter à la considération personnelle du professeur et à l'autorité de son enseignement. Des rapports de confraternité et un échange mutuel d'idées, entre des hommes de théorie et des hommes trop exclusivement praticiens, peut-être, ne peuvent que profiter aux uns et aux autres. Comme la médecine, le droit est une science pratique. Les travaux de l'avocat ne peuvent-ils pas être un complément utile de la science du professeur?

La profession d'avocat est d'ailleurs un lien qui nous rattache à la magistrature. Votre Excellence voudra-t-elle le briser, et isoler ainsi le professeur qui explique la loi, du magistrat qui l'applique? L'enseignement de nos écoles ne courrait-il pas ce risque de tomber dans quelque discrédit, s'il était confié à des hommes placés tout à fait en dehors du mouvement des affaires et de la jurisprudence?

Des faits graves ont ému Votre Excellence. Nous croyons, Monsieur le ministre, que l'Université n'est pas désarmée en présence des abus qui peuvent se produire dans l'état de choses dont nous demandons le maintien. Si le professeur compromet sa dignité dans l'exercice des fonctions d'avocat; si un usage immodéré de la plaidoirie nuit à l'accomplissement régulier de ses devoirs, il appartient au pouvoir disciplinaire d'intervenir, et, par une répression énergique, de prévenir le retour de pareils scandales.

En résumé, maintenir un état de choses respectable par son ancienneté, généralement utile par son influence sur l'enseignement de nos écoles, réprimer sévèrement les abus : telle est, suivant nous, la meilleure manière de concilier tous les droits et toutes les convenances.

Nous sommes, etc.

(Suivent les signatures.)

IV.

FACULTÉ DE DROIT DE GRENOBLE.

Observations présentées par la Faculté sur les diverses questions qui font l'objet du Rapport au Roi, en date du 20 février 1845.

Les questions agitées sont surtout les suivantes :

1° Y a-t-il lieu de créer, dans toutes les Facultés qui en sont actuellement privées, une chaire particulière de *droit criminel ?*

2° Convient-il de donner un plus grand développement à l'enseignement du droit administratif, soit que l'on ajoute une ou plusieurs chaires à celles qui existent déjà dans les différentes Facultés de droit, soit que l'on crée à cet égard des Facultés spéciales ?

Faut-il établir dans chaque Faculté une chaire de droit politique et constitutionnel, embrassant d'autres matières indiquées dans le rapport de M. le ministre ?

3° Y a-t-il lieu de créer, dans chaque Faculté de droit, une institution d'agrégés, et quels liens doivent unir ces deux degrés du professorat ?

4° L'accès à la Faculté de droit de Paris ne pourrait-il pas être ouvert, sans concours, aux professeurs éminents des autres Facultés ?

5° Le cumul des fonctions de professeur et de l'exercice de la profession d'avocat offre-t-il des inconvénients tels qu'il y ait lieu de l'interdire ?

La Faculté de droit de Grenoble, à la suite de plusieurs réunions successives dans lesquelles chacune de ces diverses questions a été discutée séparément, a délibéré et arrêté les solutions qui suivent :

§ 1.

Création de chaire de droit criminel.

Le premier point n'a pu être pour elle la matière d'un long débat.

Après avoir particulièrement entendu celui de ses membres qui, dans l'état actuel des choses, est chargé tout à la fois de l'enseignement de la procédure civile, de la législation et de la procédure criminelle, la Faculté est restée plus que jamais convaincue, conformément à une opinion qui paraît aujourd'hui universelle, que chacune de ces parties exige un professeur spécial, et qu'une nouvelle chaire doit être créée pour le droit criminel.

Et d'abord, qui ne reconnaît aujourd'hui l'importance, la nécessité d'une connaissance approfondie de nos lois judiciaires, de nos lois de procédure civile, lois qui assurent la marche et l'administration de la justice, qui garantissent l'application de la loi civile, et sans lesquelles celle-ci demeurerait en quelque sorte une lettre morte?

Indépendamment des dispositions du Code de procédure lui-même qu'il faut bien faire connaître dans tous leurs développements, et qui, si l'on considère le nombre des articles, forment bien plus du tiers du Code civil auquel pourtant trois professeurs et trois années sont consacrés, pouvant à peine suffire, ne faut-il pas, en dehors du Code, porter l'enseignement comme préalable nécessaire, sur toutes les lois de compétence civile qui n'y sont pas renfermées, mais qui en forment un appendice obligé?

Et dût-on laisser à l'enseignement du droit administratif tout ce qui regarde les juridictions spéciales des conseils de préfecture, du conseil d'Etat, de la cour des comptes, des juridictions de prud'hommes et des juridictions consulaires, il faut bien au moins, au moment où le Code de procédure civile nous parle de la marche à suivre devant nos justices de paix, il faut bien exposer les règles de l'organisation de ces tribunaux aujourd'hui agrandis, et les modifications successives par où cette organisation a passé, et leurs attributions maintenant plus vastes et plus étendues, et, entre autres, tout ce qui regarde la théorie si importante des actions possessoires.

Ainsi encore, quand le Code entre dans la série des règles plus nombreuses et plus variées à suivre devant les tribunaux ordinaires d'arrondissement, règles qu'il applique ensuite en général aux cours royales, ne faut-il pas, avant tout, connaître l'organisation et la compétence de ces tribunaux; règles qui se trouvent aussi déterminées dans des lois spéciales, et qui, malgré les efforts du législateur et de la jurisprudence, laissent encore matière, tous les jours, à de si graves difficultés que la science doit éclairer?

Même réflexion pour les tribunaux de commerce dont on ne peut guère comprendre l'action spécialement réglée si l'on ne pénètre dans la nature des affaires commerciales et si l'on n'indique au moins les points culminants de leur juridiction, faisant ainsi une espèce d'incursion sur le champ du professeur de droit commercial, que celui-ci parcourra ensuite d'une manière plus féconde et plus complète.

Et puis, quoique la cour de cassation soit à peine nommée dans le Code de procédure civile, comment, en développant ce qui regarde les voies de recours contre les jugements, comment ne pas s'occuper de celle si importante qui fait arriver devant cette cour? Comment ne pas faire connaître les lois spéciales qui concernent cette haute attribution, cette clef de voûte de notre ordre judiciaire, et ne pas faire apprécier la mission si grave et si utile qu'elle est appelée à remplir dans la société?

Et, après avoir parcouru la série, un peu ingrate au premier coup d'œil, des différents modes d'exécution des jugements et actes, mais dans laquelle pourtant des aperçus heureux, peut-être, pourront être offerts sur les progrès récents de notre législation, et sur la comparaison avec l'ancien état de choses, même en portant ses regards sur ce qu'on appelle *procédures diverses* et sur celles *relatives à l'ouverture d'une succession*, combien souvent des rapports, des points d'affinité ne seront-ils pas à établir avec les dispositions correspondantes du Code civil, tellement que, sans cette union entre elles, les unes et les autres seraient mal comprises? Digressions dès lors nécessaires sur-le-champ du Code civil, comme digressions quelquefois aussi réciproquement nécessaires des professeurs du Code civil sur certaines parties du Code de procédure civile.

Certes, pour qu'un pareil programme soit bien rempli, pour que la raison d'être de chaque prescription légale soit bien indiquée, en éclairant le tout par des considérations philosophiques bien déduites, et en rapprochant notre état actuel sur la marche judiciaire de l'état antérieur, et ne craignant pas quelquefois de remonter haut et même jusqu'à la procédure romaine, en recherchant souvent si le législateur a atteint le but essentiel, celui d'admettre dans les modes de recherches assez de lenteur pour assurer une bonne défense, et pas assez de longueur néanmoins pour compromettre les droits du demandeur ou par des frais exagérés, les intérêts des deux parties, et dans tous les cas les meilleurs moyens d'investigation possibles. Pour qu'un pareil programme, disons-nous, soit convenablement et dignement rempli, ce ne sera pas trop, ce ne sera pas assez, peut-être, de toutes les leçons, pendant une année entière, données par un professeur.

Jusqu'à présent, ce n'était qu'en le restreignant que le professeur pouvait réserver quelques leçons à la fin de l'année pour donner les notions les plus essentielles de droit criminel.

C'est ce qui se pratique, notamment à Grenoble, où le professeur joint à ses leçons orales sur le droit criminel un Manuel de *législation et de procédure* qu'il met entre les mains de ses élèves.

Là, au moins, si le droit criminel n'est pas suffisamment enseigné, on ne pourrait pas dire qu'il n'est pas enseigné.

Mais cet état incomplet doit être changé, doit être amélioré : il faut restituer à l'enseignement des lois de compétence et de procédure civiles tous ses développements ; le besoin en est universellement senti ; l'expérience même atteste tous les jours que les hommes les plus distingués et de la magistrature et du barreau, s'ils manquent par quelque côté, c'est par celui dont il s'agit ici. La voix publique crie que, pour cet enseignement trop restreint, il faut un professeur qui s'y consacre spécialement et uniquement.

Mais alors se présente la nécessité de créer dans chaque Faculté une chaire nouvelle, une chaire spéciale de droit criminel : lorsque les rapports sociaux deviennent toujours plus fréquents, lorsque des besoins incessants ou les passions multiplient les actes coupables, lorsque les principes de la morale ou le sentiment religieux semblent moins puissants à les prévenir, il faut bien connaître, il faut bien étudier les moyens auxquels, pour les réprimer et, par là même, en prévenir le renouvellement, le législateur est obligé de recourir.

Et ici la tâche s'agrandit : tandis que le professeur de procédure civile n'a à s'occuper que de l'application de la loi civile, de la marche à suivre pour cette application, et qu'il vient ainsi en aide à ceux qui l'expliquent, le professeur de droit criminel doit se suffire en quelque sorte à lui-même; il doit embrasser et la loi pénale et l'application de la loi pénale; il doit enseigner et la législation criminelle et la procédure criminelle.

Et, au point où en est arrivée la civilisation, et lorsque la société s'honore de ne plus vouloir se borner à frapper d'une matérielle répression, mais aspire à améliorer l'homme déclaré coupable, ne faudra-t-il pas que le professeur aborde ces idées, ces moyens d'amélioration ou d'amendement, c'est-à-dire qu'il entre dans la pensée du régime pénitentiaire?

Faire connaître l'esprit de la loi pénale, son but, sa moralité, bien déterminer la nature des peines et leur appropriation à chaque infraction prévue, ne pas craindre d'aborder les matières les plus graves, avec la profondeur nécessaire : notre système d'accusation, le jury et ses racines dans l'ancien droit, le droit de grâce, le droit d'amnistie, la mort civile, la surveillance, la réhabilitation, etc.; suivre en tout et partout les progrès de la législation criminelle et en préparer les progrès, qui n'aperçoit ainsi immédiatement le vaste champ de l'enseignement?

Ce ne sera donc plus ce programme restreint que semble supposer l'arrêté sur les examens du 22 septembre 1843 en matière criminelle, mais un programme complet et entier, digne de la création sollicitée et des besoins reconnus.

Si, sur la *législation criminelle* proprement dite, le Code pénal doit former la base de ce programme, dans ce cadre naturel et suivant ses divisions viendront se placer nécessairement les lois pénales sur des matières particulières, comme les lois sur la presse et la diffamation, sur les associations, sur la chasse; celles formant le Code pénal militaire, le Code pénal maritime, celles relatives aux délits ruraux ou

Code rural, parties des dispositions du Code forestier, du Code de la pêche fluviale, etc., etc.

Et, quant à la *procédure criminelle*, il faudra bien joindre aux dispositions du Code d'instruction criminelle qui règlent la marche à suivre devant nos tribunaux correctionnels, les cours d'assises et le jury, et les différentes branches de la juridiction pénale des cours royales; il faudra bien y joindre ce qui regarde les juridictions pénales exceptionnelles, comme celle des conseils de guerre, des tribunaux maritimes militaires, de la cour des pairs, etc.

La Faculté n'a pas besoin d'ajouter qu'alors le programme des examens eux-mêmes devra être mis en harmonie avec ce programme d'enseignement; c'est-à-dire, que toutes les matières enseignées sur la compétence et la procédure civile, sur la législation et la procédure criminelle devant figurer dans un examen quelconque, devront ou être placées comme cela existait avant l'arrêté de 1843, dans le deuxième examen de baccalauréat, ou du moins toutes celles qui n'y auront pas figuré devront être reportées à l'un des examens ultérieurs, comme cela a été réglé pour les matières du Code civil.

Ces deux choses, en effet, doivent se prêter un mutuel appui, enseignement complet et suffisant, et compte à rendre de cet enseignement. La Faculté, en un mot, ne peut pas comprendre un enseignement réellement efficace sans la sanction de l'examen.

Elle résume donc ainsi sa pensée sur le premier objet qui était à examiner. Il faut un enseignement complet de la procédure civile et de tout ce qui s'y rattache immédiatement; il faut un enseignement complet aussi des lois pénales et de la procédure criminelle; et, pour cela, il faut une chaire et un professeur qui soient exclusivement consacrés à chacune de ces parties; elle ajoute que, dans tous les cas, il faut régler les programmes de manière que sur ce point, comme sur tous les autres, l'enseignement obligé soit le même identiquement dans toutes les Facultés de droit du royaume.

Sans cela, comment conserver ce droit si en harmonie avec nos idées de liberté, ce droit que l'on veut et que l'on doit maintenir de passer d'une Faculté dans une autre et d'y continuer utilement ses études?

§ 2.

Droit administratif, politique, constitutionnel.

Le second objet dont la Faculté est appelée à s'occuper, se présente sous des aspects plus divers, donne lieu à des questions plus sérieuses, provoque des solutions plus développées.

Il s'agit de l'extension à donner à l'enseignement du droit administratif, et du mode suivant lequel il la recevra.

L'ordonnance royale du 12 décembre 1837, en consacrant au droit administratif une chaire dans chacune des cinq Facultés qui en avaient été jusqu'alors dépourvues, a marqué la place que cette branche de la science générale des lois devait occuper dans nos écoles, mais ne lui a point accordé tous les moyens de diffusion dont elle avait besoin. D'heureux essais avaient été faits dans quatre Facultés; on trouvait convenable d'en faire aussi dans les cinq autres; il fallait, dès lors, attendre que tous pussent fournir les indications et les conseils que des études abstraites ne donnaient point encore avec assez de précision et d'exactitude. Au surplus, le germe d'enseignement qu'on venait de déposer sur tous les points de la France où les théories du droit sont officiellement exposées, pouvait y suffire pendant cette période d'expérimentation; mais ses nombreux rameaux allaient bientôt, en grandissant, signaler eux-mêmes les points où ils auraient besoin d'être protégés par une culture plus étendue ou plus variée.

M. le ministre de l'instruction publique a pensé que ce moment était arrivé. La Faculté partage son opinion, que l'observation fortifie de considérations puissantes.

Le droit public, en se vulgarisant tous les jours davantage, par le mouvement de nos institutions constitutionnelles et administratives, et par l'incessante polémique de la presse, doit être prémuni contre les erreurs dans lesquelles il est si facile d'entraîner des esprits incomplétement éclairés, et que le penchant à la discussion, né de ces institutions elles-mêmes, provoque journellement à résoudre les plus graves problèmes sociaux et politiques. D'un point de vue pratique, nos lois appellent les citoyens à prendre part à la gestion des affaires du pays dans la triple hiérarchie de la commune, du département et de l'Etat. Dans la sphère administrative, elles ne cessent de mettre en présence, et souvent en opposition, l'intérêt public et l'intérêt privé. Tout citoyen peut être appelé, par des fonctions, à protéger le premier; tout particulier, dans le cours de sa vie, aura plus d'une fois occasion, soit pour sa personne, soit pour ses biens, de défendre le second. Entre ces éventualités, il n'est pas moins utile aux Français de connaître le droit administratif que le droit civil. Il faut donc donner à son enseignement les auxiliaires qui ne lui manquent encore que parce que l'autorité centrale ne s'était point crue en situation, jusqu'à présent, de mesurer exactement la vaste étendue de son domaine.

Mais comment sera-t-il pourvu à cette nécessité généralement reconnue?

M. le ministre, en livrant, à cet égard, des moyens différents à l'étude des hommes spéciaux, n'a voulu montrer de prédilection pour aucun; sans doute, afin que cette sage réserve inspirât plus de liberté à tous ceux qui auraient à les apprécier.

Ces moyens seraient, en résumé :

1° L'institution d'une ou de plusieurs Facultés spéciales de droit public, où le droit international, le droit constitutionnel, le droit administratif principalement, et les connaissances que l'on considère comme leurs accessoires, seraient exclusivement enseignés;

2° L'institution de nouvelles chaires, dans les Facultés actuelles, afin d'arriver, par une autre voie et sur un plus grand nombre de points, à un résultat analogue;

3° Des grades universitaires limités au domaine spécial du droit public; de telle sorte qu'il y eût désormais des gradués en droit public ou en droit administratif, et des gradués en droit civil.

De ces trois moyens, les deux premiers s'excluent respectivement; le troisième peut être appliqué avec l'un ou avec l'autre.

La Faculté les a tous examinés avec attention.

Elle repousse unanimement le premier et le troisième; elle accorde au second toutes ses sympathies d'opinion, et tous les vœux que peuvent lui permettre les limites financières de la question.

Sur chacun, elle doit compte de ses motifs.

Une Faculté spéciale de droit public, instituée en dehors des écoles actuelles, lui paraît une innovation dangereuse, mortelle, peut-être, pour celles-ci; contraire à l'intérêt d'un grand nombre de familles; éminemment préjudiciable, soit aux villes où le droit est maintenant enseigné, soit aux départements qui les avoisinent; et, en résultat, beaucoup moins propre à populariser le droit administratif que ne le sera son enseignement par les Facultés établies dans ces villes, s'il y reçoit d'ailleurs l'extension et les nouveaux organes dont on est arrivé à comprendre la nécessité.

Supposons, d'abord, qu'il n'y ait qu'une Faculté spéciale. On l'érigerait à Paris; elle y formerait une division ou une annexe de la Faculté actuelle; on la doterait d'autant plus libéralement qu'elle serait seule, et qu'il s'agirait d'une faveur pour la capitale.

Or, qui ne pressent l'influence funeste que ne tarderait pas à exercer ce grand établissement, avec ses deux branches principales d'instruction, sur les établissements réduits à une seule?

Dans la situation présente et comparée de Paris et des autres villes où le droit est enseigné officiellement, tout assure à l'école de la grande cité, siége du gouvernement, un nombre d'étudiants deux fois décuple de celui qui fréquente les écoles des départements : une population immense; la concentration de tous les trésors des sciences et des arts; un attrait invincible pour la jeunesse, et auquel la prudence des parents ne sait pas toujours opposer de sages limites; des chaires doublées; un grand luxe déployé pour les connaissances accessoires; toutes ces circonstances, et bien d'autres encore, assurent à la Faculté de droit de Paris, une prééminence qu'elle conservera toujours, et l'on doit reconnaître que cette position respective est née de la force même des choses.

Cependant, malgré tant et de si brillants avantages, les autres Facultés de droit peuvent encore, sinon soutenir la concurrence, du moins se maintenir dans une position convenable, parce que, si elles ne réunissent pas les chaires accessoires prodiguées dans la capitale, on y trouve du moins l'enseignement fondamental, à l'aide duquel les jeunes gens peuvent, comme à Paris, se présenter à toutes les épreuves, et obtenir tous les grades que fait subir ou confère l'école de cette ville.

En sera-t-il ainsi désormais, si Paris a deux Facultés, l'une de droit civil, l'autre de droit public, celle-ci ayant pour but principal l'enseignement de la législation administrative?

Pour peu qu'on réfléchisse, on sera forcé de répondre négativement.

Parmi les jeunes gens qui, chaque année, viennent prendre leur première inscription dans nos écoles, combien peu ont des idées arrêtées sur la carrière à laquelle ils se destineront après avoir terminé leurs cours et obtenu leurs grades! Quels sont, d'ailleurs, les parents, s'ils sont sages, qui n'attendent pas, pour diriger par leur influence et leurs conseils un choix que l'inexpérience hésite à faire, le moment où une partie de cette inexpérience se sera dissipée et aura fait place à une connaissance moins superficielle des hommes, des choses, des institutions, des professions, et surtout de soi-même? Mais, dès lors, comment supposer que ces jeunes gens, qui ne savent point encore s'ils s'attacheront aux fonctions ou professions qui appartiennent à l'ordre judiciaire, ou bien s'ils leur préféreront les positions qu'offre l'ordre administratif et ses nombreux services, comment supposer que leurs familles à qui la prudence commande d'attendre, ne choisiront pas l'école unique qui leur offrira, dans tous ses développements, la double instruction à l'aide de laquelle, quand le moment viendra, on sera libre d'écouter les conseils d'une aptitude alors éprouvée par une double expérience! Mais si cela est inévitable, ne voit-on pas, dès ce moment, les Facultés qui n'enseigneront que le droit civil, désertées par la plus grande partie de la population qui les alimente aujourd'hui, et leurs chaires réduites à un petit nombre d'auditeurs, appartenant à des familles trop peu aisées pour supporter la dépense qu'impose le séjour de Paris, ou trop effrayées des dangers que peut y courir la jeunesse, pour y envoyer, sans surveillants et au sortir du collége, des enfants inexpérimentés.

Telle est la conséquence inévitable de toute mesure qui fixerait à Paris exclusivement l'enseignement développé du droit administratif, de telle sorte qu'à l'avenir, il fallût y avoir étudié pour briguer avec succès, soit les magistratures, soit l'entrée des conseils, soit l'admission aux différents services qui appartiennent à l'administration.

Et l'on n'éviterait pas ce résultat en maintenant, dans les Facultés de province, l'enseignement du droit administratif, pour y offrir le premier degré d'une instruction que les étudiants devraient ensuite perfectionner dans la Faculté spéciale de Paris. Du moment où il faudrait, en définitive, demander à celle-ci des lumières qui seraient jugées insuffisantes partout ailleurs, il y aurait trop d'avantages à recourir à elle dès le commencement, pour qu'on ne le fît pas.

Supposons maintenant qu'au lieu d'une seule Faculté spéciale on en créât deux et même trois, la situation des choses, telle qu'on vient de la faire apprécier, resterait la même, pour toutes les écoles à côté desquelles l'annexe de droit public ne se trouverait point placée. Peut-être même cette situation s'aggraverait-elle encore, car la mesure frapperait d'une plus grande déconsidération des établissements alors tout à fait relégués au rang d'écoles secondaires; indépendamment de ce que les familles qui pourraient redouter le séjour de Paris pour leurs enfants, n'éprouveraient pas au même degré cette crainte quand il s'agirait d'autres villes.

La Faculté ne suppose pas que, pour dissiper les appréhensions qu'elle vient d'exprimer et qui, sans doute, se manifesteront sur d'autres points, on imagine de reconnaître à toutes les écoles de France le même droit quant à l'application du programme d'investigations, d'épreuves, de grades, qui auraient pour résultat de certifier la capacité en droit public. Une telle transaction, si elle pouvait (ce qu'on ne croit pas) modifier la situation qui vient d'être exposée, serait la critique la plus sévère des Facultés spéciales, où l'on ne verrait alors que des établissements de luxe, des superfétations sans but. Evidemment, c'est parce qu'on sent le besoin d'avoir des administrateurs, des conseillers d'administration, des juges administratifs, des fonctionnaires dans le service des contributions, de l'enregistrement, des douanes, des forêts, etc., familiarisés avec les théories et la pratique du droit administratif, qu'on songe à compléter l'enseignement de cette science. On veut, pour l'avenir, des candidats plus éclairés que ne le sont, en général, ceux qui se présentent maintenant à l'entrée de ces carrières. Mais, pour que cette pensée ne soit pas stérile, il faudra exiger de leur part, avec la fréquentation des cours, l'obtention des grades, et, dès lors, il est palpable que les grades conférés par les Facultés doubles auront une double signification, tandis que ceux qu'on obtiendra des autres écoles ne certifieront qu'une capacité en droit public incomplétement acquise et prouvée; les jeunes gens qui en seront porteurs se verront froidement accueillis; tous les emplois seront et devront être réservés aux gradués des écoles privilégiées. S'il en était autrement, si, dans la distribution des places, on admettait aux carrières administratives, avec une égale faveur, ceux qui auraient obtenu leurs diplômes des Facultés ordinaires et ceux qui les tiendraient d'une Faculté spéciale, quel avantage recueillerait-on de celle-ci? La circonstance que quelques esprits supérieurs y trouveraient des facilités plus grandes pour s'élever au point qu'il leur est donné d'atteindre, serait-elle une compensation suffisante de la charge imposée au trésor par cette magnifique et dispendieuse institution? Est-ce, d'ailleurs, pour les intelligences exceptionnelles qu'on a besoin de créer de nouvelles écoles? Ne sait-on pas qu'avec les moyens que l'état actuel des connaissances humaines met à leur disposition elles se feront jour, et se placeront au rang que la nature leur a assigné en les dotant plus libéralement que les autres? Répétons donc que cette assimilation entre des établissements si différents n'obvierait à rien, ou bien imprimerait aux Facultés spéciales un caractère d'inutilité qui doit suffire pour éloigner la pensée d'un semblable tempérament.

Dans une question de cette nature il ne faut pas borner la discussion à de purs intérêts d'écoles; il convient de l'étendre à des intérêts de familles, de cités, de départements, quoique à vrai dire, les seconds soient ici renfermés dans les premiers.

Les longs voyages et le séjour des grandes villes sont dispendieux, et, pour un grand nombre de personnes, au-dessus des sacrifices possibles. En s'imposant des privations, celles-ci peuvent envoyer leurs enfants étudier le droit dans une Faculté voisine; ailleurs elles ne le pourraient pas. Sans s'en imposer aucune, les habitants des villes qui possèdent des écoles de droit, ont de plus grandes facilités encore. Supprimez ces écoles, ou, ce qui est la même chose, créez des établissements qui amèneront tôt ou tard leur ruine, vous enlevez à cette portion des populations qui n'a que des revenus médiocres, et qui appartient cependant, par l'éducation et l'entourage, à la classe éclairée de la société, toute possibilité d'ouvrir à ses enfants l'accès des professions libérales et des emplois publics; vous effacez le principe constitutionnel qui déclare tous les Français également admissibles à ceux-ci; ou du moins vous le réduisez, pour elle, à une lettre morte; les moyens dont elle avait usé jusqu'à ce jour, pour s'en approprier l'application, lui étant désormais enlevés.

A ces familles qui sont très-nombreuses, il faut joindre celles dont il a déjà été parlé, et qui redoutent, dans Paris surtout, des écarts que l'âge, les séductions et le défaut de surveillance rendent si fréquents et si funestes.

Ces considérations sont graves. Celles que suggère le préjudice auquel seraient exposés les départements et surtout les villes, menacées de voir bientôt déchoir et, peut-être, tomber les écoles de droit établies dans leur sein ou dans leur voisinage, n'ont pas moins de puissance.

Ce n'est qu'avec une extrême réserve, en effet, qu'on peut toucher à ces intérêts de localité. En appauvrissant les provinces et les villes on appauvrit l'État lui-même, et (ce qui est peut-être plus dangereux encore) on excite la plainte, on provoque à la désaffection, on donne des prétextes à l'hostilité systématique. Quel ne serait pas, s'il faut citer un exemple, le légitime mécontentement de la population grenobloise, si les innovations que l'on médite devaient avoir pour effet de la priver de son école de droit, ou de diminuer le nombre des étudiants qui, des départements voisins, se rendent annuellement à Grenoble! Cette ville possédait autrefois une école d'artillerie; elle l'a depuis longtemps perdue, au profit de Valence, et Valence la perd à son tour au profit de Lyon! Elle était le siége d'une division militaire; elle dépend actuellement de la division militaire dont le siége est à Lyon! Elle a eu plus longtemps un important arsenal de construction ; on prend en ce moment des mesures pour le transférer à Lyon! Il semble qu'une aveugle fatalité se complaît à faire successivement disparaître tous les établissements qui pouvaient remplacer, un peu, les avantages que le commerce ne donne pas à cette ancienne capitale du Dauphiné, le lustre qu'a perdu cette résidence du troisième parlement de la vieille monarchie française. Et, maintenant, voici qu'une nouvelle cause de décadence menace de s'ajouter à toutes celles qui l'ont fait déchoir de ce qu'elle était! Qu'on y prenne garde pour toutes les populations qui ont fait des pertes analogues ou qui y sont exposées : il faut craindre de mettre, d'une manière trop absolue (et par une confusion de choses d'ailleurs fort distinctes), à la place du principe de l'*unité*, qui porte la vie sur tous les points en y développant uniformément des institutions identiques, le fait de la *centralisation* qui peut, il est vrai, lui venir en aide lorsqu'il se manifeste dans de certaines limites, mais qui peut aussi porter la ruine, presque partout, quand il les franchit, car, alors, l'opulence, ou plutôt l'obésité de quelques cités ne s'obtient que par l'épuisement de celles qu'on leur sacrifie.

En se livrant à ces dernières réflexions, la Faculté est peut-être sortie de son domaine naturel; mais à coup sûr, elle n'est pas sortie de la question qu'elle agitait, et que des hommes d'État doivent résoudre, en définitive. Elle a, d'ailleurs, cédé au besoin de donner à l'opinion qu'elle vient de manifester, d'autres appuis que sa répugnance à un suicide.

Si l'on renonce à l'idée des écoles limitativement instituées pour le droit public, l'enseignement de la législation administrative ne pouvant être étendu que dans le sein des Facultés actuelles, les modifications qu'elles éprouveront, dans ce but, ne présenteront alors aucun des dangers qui ont été précédemment signalés; seulement il est à craindre que la dépense ne soit considérable. Avant de s'en effrayer, cependant, il convient d'examiner jusques à quelles limites il est nécessaire de pousser les perfectionnements du système général qui est en vigueur aujourd'hui.

Parvenue à ce point, la Faculté a voulu recueillir les idées de celui de ses membres qui occupe la chaire de droit administratif, avant d'émettre l'avis qui lui est demandé à elle-même.

« Ce professeur se préoccupe d'abord du but que doivent atteindre, pour répondre à la pensée d'utilité générale qui domine tout ici, les modifications étudiées en ce moment. Il trouve ce but déjà nettement marqué et circonscrit par la Faculté, lorsqu'elle a parlé d'une instruction plus grande à obtenir dans le personnel des magistratures, des conseils et des services divers de l'ordre administratif. Mais il croit nécessaire d'ajouter, qu'étendre l'enseignement officiel du droit public, au delà de ce qui est nécessaire pour arriver à ce résultat, s'inquiéter, par exemple, des loisirs de cette portion de la jeunesse qui se livre à l'étude sans avoir la pensée de se mettre directement au service de la chose publique, mais simplement par goût, par besoin de remplir les heures inoccupées que permet la richesse, ou peut-être afin de se placer plus honorablement dans l'opinion, c'est aller au delà des exigences que la raison peut légitimer et qu'il est prudent de contenir dans de justes bornes. Ce que la Faculté a dit, avec vérité, des privilégiés de l'intelligence, elle doit le dire, avec bien plus de vérité encore, des privilégiés de la fortune. Les premiers sauront se développer et grandir à l'aide de nos établissements actuels, progressivement et sagement améliorés. Les seconds ont à leur disposition tous les moyens d'instruction, sur quelque point qu'il faille se transporter pour les obtenir, et, souvent même, à quelque supériorité intellectuelle ou pratique qu'il faille les demander. Paris et ses institutions scientifiques, les capitales étrangères et leurs Universités, les professeurs de tous les lieux et leurs entretiens, voilà les vastes ressources que la richesse peut offrir à l'amour de l'étude! Ce n'est pas là que se fait sentir le besoin des améliorations; mais on le voit signalé dans cette masse d'aspirants aux fonctions administratives, dont un si grand nombre les sollicite sans être en état de les bien remplir; on l'observe dans le danger qui menace l'intérêt public lorsque l'ignorance les obtient, et dans l'amélioration qui est assurée au pays si elles deviennent, avec plus de certitude, l'apanage de la capacité. Quant à certaines fonctions qui exigent aussi la connaissance des lois administratives, mais qui constituent, relativement à l'organisation intérieure de la France, une mission à part, comme, par exemple, celles qui appartiennent à l'institution diplomatique, il faut aux jeunes gens qui s'y préparent (indépendamment des cours des Facultés de droit), des lumières d'un ordre spécial qu'ils ne trouveront que dans les écoles organisées pour ces carrières. Et, de même que pour les emplois civils et militaires qu'alimente l'Ecole polytechnique, les élèves qui sortent de cette institution célèbre sont formés, dans des établissements d'application, au service spécial qui doit les employer; de même pour les légations et pour les consulats, des étudiants sortis des Facultés de droit trouveront un complément nécessaire d'instruction dans des écoles où ils seront initiés au régime des relations extérieures et aux connaissances accessoires qu'ils n'ont pu acquérir sur ce sujet. C'est, du reste, ce qui existe déjà en partie. Une considération qui s'oppose, d'ailleurs, à des extensions exagérées, c'est qu'en toute chose on ne peut raisonnablement vouloir que ce qui est possible. Or, serait-il possible d'imposer aux étudiants des Facultés de droit, pendant une courte période de trois à quatre années, l'obligation de suivre les cours des nouvelles chaires érigées, si elles étaient trop multipliées? Et à supposer qu'on l'essayât, ne trouverait-on pas, au bout de ce temps, des candidats superficiels sur tout, parce qu'on les aurait mis dans la nécessité de tout étudier à la fois? Serait-il possible, ensuite, d'obtenir de la puissance législative un crédit suffisant pour faire face à des innovations exorbitantes? A ces questions il faut répondre que *le mieux est l'ennemi du bien*, afin de s'en tenir au programme dont la Faculté a posé le principe et qu'il s'agit maintenant de développer.

« Ici le même professeur déclare qu'après ce qu'il vient de dire (en se rattachant, d'ailleurs, à la pensée de la Faculté) il doit, pour être conséquent, chercher essentiellement dans le *droit administratif proprement dit*, le moyen de former une pépinière de sujets instruits, que la pratique puisse aisément façonner ensuite aux nombreux services de l'administration.

« A cet égard, ce qui le frappe d'abord, c'est la prodigieuse étendue des dispositions législatives et réglementaires qui constituent l'élément littéral de la science. On s'en fera une idée approximative, en ouvrant les *Institutes* publiées en 1829 et en 1830, par M. de Gérando. Cette codification qui embrasse, sous deux séries de numéros, soit les principes généraux qui dominent les différentes matières, soit les textes en vigueur qui régissent chacune d'elles, ne contient pas moins de *sept mille vingt-deux articles*, dans la seconde série seulement, tous copiés littéralement. Il est vrai que, depuis 1830, le droit administratif a éprouvé d'immenses modifications; mais on sait qu'elles n'ont pas eu pour résultat de réduire ses textes, et qu'au contraire leur nombre s'est considérablement accru, ou par le remaniement d'une foule des lois antérieures, ou par la promulgation de plusieurs lois nouvelles, sur des objets qui, jusqu'alors, étaient régis par le droit commun, ou ne l'étaient pas du tout. Faut-il conclure de cette masse d'articles, trois à quatre fois plus nombreux que ceux du Code civil, dont l'enseignement actuel exige trois ans, qu'il en faudra neuf à douze pour le droit administratif? Cette conséquence, quoique juste arithmétiquement, serait, sans doute, très-ridicule dans son application; car, avant tout, il faut proportionner les études au temps que la jeunesse peut leur consacrer; et, d'ailleurs, il y a, dans les sept à huit mille textes dont il s'agit, des dispositions nombreuses de détail, qui peuvent être omises, ou pour lesquelles l'enseignement peut renvoyer aux lois ou règlements qui les contiennent, sans qu'il en résulte de trop graves lacunes. Tout ce que le professeur a voulu dire, c'est qu'une courte période, un an, par exemple, deux ans même, ne sauraient suffire à un cours raisonné de droit administratif, développant la substance puisée dans les textes, faisant comprendre la raison d'être de ceux-ci, éclairant quelquefois les principes par des discussions prises dans leur application pratique, en recherchant souvent l'esprit dans des notions historiques, d'autant plus instructives ici que la législation administrative a une mobilité qui lui est particulière et qui, fréquemment, ne permet de bien comprendre son état présent qu'en interrogeant son passé, son origine, ses vicissitudes, les événements qui l'ont altérée ou améliorée. Aussi les professeurs, appelés en 1838 à occuper les chaires qui venaient d'être créées, ont-ils été contraints de renoncer à l'idée d'un cours complet recommencé chaque année, bien que l'institution d'une chaire unique, dans chaque Faculté, semblât imposer comme condition, la limite annuelle à tout l'enseignement qui lui était dévolu. Il a fallu trois ans, quatre ans, pour arriver au point extrême de la carrière, même en supprimant de nombreux détails, même en s'imposant une marche rapide. On ne pourrait, en effet, resserrer tout le droit administratif dans les leçons d'une seule année scolaire, sans réduire son exposition à une table de matières très-sommairement expliquée; à moins qu'on ne prît le parti d'élaguer les deux tiers, au moins, des choses qu'il régit, pour s'en tenir à celles qui seraient jugées les plus importantes; encore trouverait-on, peut-être, bien des difficultés à s'accorder sur le choix de celles-ci. Quoi qu'il en soit, le cours serait sans utilité réelle dans le premier cas, il serait incomplet dans le second, et ce n'est certainement pas là ce qu'on peut vouloir dans un moment où il s'agit de perfectionner.

« En se plaçant, néanmoins, à un autre point de vue que celui d'un auditoire fraîchement sorti du collége, on peut concevoir un cours résumant, dans une centaine de leçons, les grands principes qui servent de fondement à la législation administrative; on peut le concevoir, dans une direction toute philosophique, tantôt portant la lumière sur les points culminants de cette législation, tantôt sondant la solidité de ses fondements, glorifiant quelquefois ses doctrines, les soumettant ailleurs à la critique d'une raison élevée, et s'associant en quelque sorte ainsi, par la science qui prépare, à la puissance qui décide et accomplit les innovations. Mais ce cours, utile aux hommes qui savent déjà, le sera-il aux jeunes gens qui en sont aux premières notions? Ces considérations qui font germer des pensées de réforme, en fouillant les entrailles de certaines lois, trouveront-elles, sur un sol inculte, les conditions d'un sage développement? Le bien qu'un esprit mûr y recueillera et fera fructifier, ne changera-t-il point de nature pour un esprit trop inexpérimenté? Et le même enseignement qui aura fait du premier un organe intelligent d'amélioration et d'ordre, tout à la fois, ne poussera-t-il point le second dans des voies dangereuses pour lui et pour la société? Voilà ce que se demande le professeur que la Faculté continue d'entendre. Voilà ce qu'il ne peut résoudre dans le sens d'un cours universitaire terminé en une année.

« Suivant lui, un plan n'embrassant que des sommités, des leçons prises de trop haut, les règles d'un ordre inférieur dédaignées, les détails entièrement supprimés, toutes ces exigences, enfin, d'un enseignement trop resserré ou trop généralisé, placeraient le droit administratif hors de la portée de presque tous les étudiants. Ce serait pour eux une phraséologie vague et incomprise; leur esprit en retiendrait à peine quelques notions éparses, et celles-ci seraient presque insaisissables par l'épreuve des examens. Pour qu'une institution soit utile, il faut qu'elle réponde à un besoin. On a déjà précisé celui qu'il s'agit ici de satisfaire; le serait-il par un cours aussi peu propre à préparer de jeunes candidats à la pratique de l'administration, de jeunes surnuméraires à celle des services administratifs? Car, encore une fois, c'est à ce résultat qu'il faut arriver.

« Le même professeur ne pense pas que des étudiants puissent acquérir, dans nos écoles, une connaissance du droit administratif, suffisante pour répondre aux vues précédemment exprimées, s'ils ne sont pas soumis à l'y étudier pendant trois ans, en suivant un cours qui aura cette durée. Il trouverait même la période de trois années trop courte pour un cours complet, si l'on ne donnait à celui-ci l'appui d'une chaire de *droit politique*, ayant pour sujet essentiel et principal le *droit constitutionnel*, et exposant accessoirement les théories générales du *droit des gens* et du *droit international* dans leur intime association.

« Il y a d'abord, suivant lui, quelque chose d'anormal à voir des chaires, qui ont été érigées pour enseigner les lois, réduites au silence sur la première et la plus importante de toutes, celle qui constitue et pondère les pouvoirs publics; et cela au sein d'un Etat que régissent des principes de liberté, de représentation nationale, de publicité, une Charte enfin.

« Il y a ensuite, et par ce seul fait, lacune pour le droit administratif lui-même, qui est lié d'une manière tellement étroite au droit constitutionnel, que sur beaucoup de choses celui-ci est le principe dont celui-là est le développement, et qu'il est souvent bien difficile de poser la limite où l'un finit et où l'autre commence; d'où il suit que, si le droit constitutionnel continue à manquer d'organes explicatifs dans le plus grand nombre de nos Facultés, il en résultera, pour les professeurs qui ont à y exposer les lois administratives, obligation, afin que celles-ci soient comprises, d'introduire dans leur cours la Charte constitutionnelle et presque toutes les lois qui ont été l'application de ses principes ou l'accomplissement de ses promesses; et alors ils auront besoin de quatre ans, au lieu de trois, pour atteindre le point extrême de la carrière qu'ils devront fournir.

« Si le cours de trois ans est adopté, il devra être obligatoire pour les élèves de première, de seconde et de troisième année, de la même manière que le cours de Code civil; et, afin qu'à chaque rentrée l'enseignement du droit administratif soit reçu, dès son commencement, par les étudiants qui viendront de prendre leur première inscription, il faudra, comme pour le Code civil encore, trois professeurs;

ce qui rendra inévitable la création de deux nouvelles chaires, indépendamment de la chaire de droit politique.

« Dans cette organisation, il sera nécessaire de déterminer, par un programme, les divers sujets appartenant à chacune des trois années d'enseignement, afin que, dans la période annuelle, chacun des professeurs ait à expliquer des matières autres que celles qui le seront par ses deux collègues. Sous le rapport de la classification des textes, il n'en est pas du droit administratif comme du Code civil, où l'ordre numérique fait lui-même le programme, en indiquant l'article qui commence et l'article qui termine le premier, le second ou le troisième tiers; tandis que l'absence d'une codification générale permet à quiconque enseigne le droit administratif un plan et un ordre plus ou moins arbitraires. Il résulte de là que le programme qui était inutile, lorsqu'il n'y avait qu'un professeur de droit administratif, devient indispensable du moment où il y en aura trois. Cette nécessité s'étend même au cours de droit politique, principalement en ce qui concerne le droit constitutionnel, à cause de sa liaison avec le droit administratif et pour empêcher quelquefois un double emploi dans l'enseignement de l'un et de l'autre.

« En ajoutant aux modifications qui viennent d'être indiquées celle qu'a déjà recommandée le vœu de la Faculté au sujet de la chaire de procédure civile et de législation criminelle, on obtiendra dans les huit écoles du royaume (sans parler de celle de Paris) un enseignement complet du droit public, marchant parallèlement à celui du droit civil. On l'obtiendra tel qu'il doit être, afin d'arriver aux résultats les plus utiles à tous les degrés de l'administration intérieure : développé quant au droit constitutionnel, au droit administratif, au droit criminel; élémentaire quant au droit des gens et au droit international. Il sera même en situation d'offrir (quelquefois en s'aidant des chaires de droit civil) des notions sur la plupart des autres branches d'instruction que mentionne le rapport de M. le ministre de l'instruction publique; et si quelques-unes de celle-ci en paraissent exclues, c'est que leur véritable place n'est point dans cet enseignement.

« En effet :

« Le *droit maritime* n'est-il pas, en très-grande partie, enseigné par le professeur de droit commercial, et ne sera-t-il pas suffisamment complété, soit par le professeur de droit administratif expliquant le régime sanitaire des provenances extérieures, les épaves, la pêche, etc., soit par le professeur de droit politique, qui saura trouver une place, dans la seconde partie de son cours, pour la législation des consulats, et qui, à cet égard, allégera l'enseignement du droit administratif, si chargé dans le vaste champ où nos lois ont à régir l'industrie.

« La *législation militaire* ne verra-t-elle pas la chaire de droit constitutionnel, d'abord, assigner à la force publique sa place comme institution nationale, ses devoirs comme agent d'action, ses limites comme danger, et les modifications que l'état de guerre et l'état de siége peuvent apporter à celles-ci ? La chaire de droit administratif, ensuite, expliquer la procédure du recrutement, le logement des troupes, et les rapports de l'autorité civile avec l'autorité militaire ? La chaire de droit criminel, enfin, marquer les dérogations qu'apportent au régime pénal d'application commune l'institution des juridictions militaires et les lois répressives auxquelles le Français qui a passé sous les drapeaux est soumis ? Quant aux règlements qui déterminent la hiérarchie des chefs, leur autorité, leurs devoirs, la discipline ; toutes ces choses enseignées à Saint-Cyr, à Saumur ou dans les écoles régimentaires, ne sont-elles pas absolument en dehors des attributions naturelles des Facultés de droit ?

« Le *droit ecclésiastique*, à son tour, réduit aux proportions qui doivent suffire pour donner l'intelligence de ses rapports avec nos institutions politiques et sociales, ne trouvera-t-il pas un premier interprète dans le professeur de droit constitutionnel rattachant au cinquième et au sixième article de la Charte le concordat de 1801 et les articles organiques de 1802, la déclaration du clergé de 1682 et la substance des vieilles libertés de l'église gallicane ? N'en trouvera-t-il pas un second dans le professeur de droit administratif, résumant les règles de gestion qui s'appliquent aux fabriques, aux presbytères, aux menses épiscopales et capitulaires et aux biens de tous les établissements religieux ?

« Enfin, la portion du *droit coutumier* qu'il est essentiellement utile de connaître, n'a-t-elle pas été, jusqu'à ce moment, un objet de constantes études de la part de tous les professeurs du Code civil, et ne continueront-ils pas d'éclairer, de ce point de vue et par les aperçus comparés dont ils ont l'heureuse habitude, la science qui les a pour interprètes ?

« A l'égard de notre *régime financier*, qu'avec raison M. le Ministre trouve si vaste et si nouveau, n'appartient-il pas tout entier, par les sommités, au droit constitutionnel, par les détails de l'assiette, de la perception, de l'emploi, de la comptabilité, au droit administratif ; l'un et l'autre quelquefois éclairés par les systèmes spéculatifs de l'*économie politique* ?

« Ainsi, dans cette organisation nouvelle, aucune des branches réelles de la science générale du droit ne manquera d'organe.

« Maintenant, l'*économie politique* dont on vient de parler, pour reconnaître qu'elle peut servir certaines parties de l'enseignement, doit-elle obtenir une chaire spéciale dans nos écoles ? Le professeur qui continue de discuter ne le pense pas.

« Science de faits et non de lois, de systèmes et non de principes acceptés et sanctionnés, forcée de se plier à la mobilité des uns et de subir la contradiction des autres, l'économie politique, dans ses recherches et dans ses vues sur la richesse sociale, manque du caractère essentiel qui est commun à toutes les branches du droit, savoir : une base fixe formée par la réunion de règles qu'on ne saurait enfreindre sans encourir punition ou redressement. Accidentellement utile au législateur dans l'œuvre de la loi, à l'administrateur dans l'œuvre de la gestion, on peut admettre des circonstances où elle aide à préparer le droit, d'autres où elle se donne la mission de le critiquer ; on n'en saurait trouver aucune où elle ait le pouvoir de l'écarter, de le faire fléchir, ou d'en interpréter la volonté. Du moins ne parvient-elle à le modifier qu'en agissant sur les convictions du législateur lui-même. Tant que celui-ci n'a pas remplacé les lois en vigueur par des dispositions nouvelles, le droit reste debout et maintient, dans leur inflexible autorité, les principes qui le constituent. Sans doute un professeur de droit administratif, discutant le principe de la liberté de l'industrie, lui opposant, comme exception, les brevets d'invention accordés à des particuliers et les monopoles attribués à l'administration, traitant des monnaies, des douanes, et, en général, des impôts, aura plus d'une occasion de fortifier les motifs de la loi enseignée par des considérations empruntées aux livres des économistes, ou de combattre leurs doctrines dans la critique qu'ils auront faite des prescriptions législatives. Mais il ne peut résulter de là que l'économie politique, qui n'appartient pas au droit, doive être spécialement enseignée dans nos Facultés. Autant vaudrait dire qu'il faut y ériger des chaires de philosophie parce que le droit a sa philosophie, ou des chaires de morale parce que nos lois consacrent souvent des principes qui appartiennent à la morale. L'économie politique trouvera la place qui lui appartient comme enseignement public, au sein de ces établissements qui, tels que le Collége de France, sont érigés dans de très-grandes cités, pour y offrir les connaissances qu'on n'enseigne nulle autre part, et pour y être, en même temps, une sorte de décoration publique et un moyen d'y fixer des hommes supérieurs.

« Après tout ce qui vient d'être dit, si l'on jette actuellement les yeux sur d'autres indications, que contient aussi le rapport de M. le Ministre de l'instruction publique, on les verra se rattacher toutes aux relations extérieures de la France, et dès lors, se classer naturellement dans les écoles spéciales qui doivent préparer des sujets pour le double service organisé à l'étranger dans l'intérêt national.

« C'est là, en effet, et non dans les Facultés de droit, qu'ont besoin d'interprètes la *diplomatique* proprement dite, *l'histoire des traités*, le *droit public de l'Europe actuelle*, et les *institutions comparées des grands gouvernements représentatifs*. C'est par là, c'est, en outre, par les études du cabinet, c'est encore par le surnumérariat au ministère des affaires étrangères, par les fonctions d'attachés aux légations, par celles d'élèves dans les consulats, que se formeront des hommes de théorie et de pratique tout à la fois, propres à protéger efficacement la politique et le commerce français chez les autres peuples. Dans les Facultés de droit des départements, on trouverait à peine, année commune, un étudiant destiné à l'un ou à l'autre des services dont il s'agit. On n'y érigerait donc, pour ces différentes branches d'instruction, que des chaires à peu près inutiles, et rien ne pourrait justifier la surcharge qu'elles imposeraient au trésor.

« Telles sont les vues du professeur qui occupe à Grenoble la chaire dont il est question d'agrandir et de perfectionner l'enseignement. »

La Faculté a écouté leur développement et s'est livrée à leur discussion, en se pénétrant de la haute importance d'un tel sujet.

En résultat, cette discussion l'a conduite à partager, sur le fond des choses et d'un point de vue général, les idées qui viennent de lui être soumises; mais un dissentiment grave s'est élevé entre elle et celui de ses membres à qui elles appartiennent.

Ce professeur persiste à penser qu'il faut, au moins, une durée de trois ans au cours de droit administratif, même en l'appuyant sur un cours de droit constitutionnel, si l'on veut qu'il réponde au but qui a été précédemment indiqué. Réduit à de moindres proportions ce but serait manqué selon lui. Puisqu'on veut des améliorations on doit les vouloir complètes, et ce ne serait rien faire que de se borner à retrancher du cours de droit administratif proprement dit quelques matières qu'on attribuerait à une autre chaire. Ce serait même faire moins bien que ce qui a lieu en l'état, si, sous le prétexte de ce retranchement, on soumettait le professeur de droit administratif, à resserrer dans une seule année les matières, si nombreuses et si vastes encore, qui lui seraient laissées.

La Faculté ne peut accorder son suffrage à ce système; elle en est d'abord empêchée par une pensée juste qu'a exprimée son auteur : c'est qu'en toute chose on ne peut raisonnablement vouloir que ce qui est possible. Or, du moment où il s'agit d'une mesure qui serait applicable aux huit écoles de droit des départements, est-il permis de supposer qu'on accordera trois chaires au droit administratif, qui n'en a qu'une en l'état, en même temps qu'on en érigerait deux autres : la première pour le droit criminel, la seconde pour le droit politique? Ce serait donc quatre chaires nouvelles dans chaque Faculté; c'est-à-dire, en total, trente-deux dans les huit Facultés des départements! Une innovation aussi large et aussi dispendieuse est inadmissible. Dès lors il faut rechercher des perfectionnements pour lesquels on puisse concevoir les chances de succès qu'il n'est pas permis d'admettre ici.

A cet égard, la Faculté exprime l'opinion que la chaire de *droit politique* proposée par le professeur dissident, doit être créée par les motifs qu'il a développés; mais sous le titre de chaire de *droit constitutionnel*, et avec la mission spéciale de s'emparer d'un grand nombre de matières, qu'en son absence celle de Droit administratif a été dans la nécessité d'embrasser.

Le changement de désignation qu'elle propose tient à ce qu'elle ne voit aucune utilité réelle à comprendre parmi les sujets d'enseignement dont cette chaire sera dotée, ni le droit des gens, ni le droit international.

Le *droit des gens*, ramené aux doctrines admises, par la raison humaine, chez les peuples qui ont reçu la culture de la civilisation, n'embrasse que des principes généraux, éléments obligés des prolégomènes de la plupart des cours de droit, notions inséparables d'une grande partie de leurs développements. Il est donc déjà enseigné dans nos écoles. Le rôle qu'il est ensuite appelé à remplir dans les relations politiques extérieures est important sans doute; mais l'enseignement du droit des gens pour cette application déterminée, doit se trouver dans des institutions spéciales, et la Faculté, adoptant l'opinion exprimée par le professeur dont elle vient de recueillir les réflexions, au sujet des sciences qui se rattachent à la diplomatie, croit devoir étendre cette opinion au droit des gens lui-même, considéré de ce point de vue.

Par les mêmes motifs, elle écarte l'enseignement du *droit international*, qui n'est autre chose que le droit des gens modifié, dans son application aux rapports extérieurs des gouvernements et du commerce, par les traités et par les institutions de la puissance nationale à l'étranger. Reconnaissant, néanmoins, que le droit commercial et la législation administrative qui régit l'industrie, peuvent trouver une sorte de complément, dans quelques notions sur l'organisation et la juridiction des consulats, elle admet que le cours de droit constitutionnel doive s'étendre à cet objet; toutefois, accessoirement et en lui accordant le moins de temps qu'il sera possible, afin d'en réserver davantage au droit politique intérieur, et surtout à l'allégement que la chaire de droit constitutionnel devra procurer à celle de droit administratif.

C'est ici, en effet, que s'offre tout naturellement, un moyen d'affranchir cette dernière de la surcharge qui pèse actuellement sur elle, par suite de sa position isolée.

Réduit à la charte constitutionnelle, le cours qui sera consacré à cette loi fondamentale se trouverait trop à l'aise dans la limite annuelle, du moins en le comparant à l'étendue de la carrière que les autres cours ont à parcourir. Il faut donc le doter de toutes les matières de droit public qui se rattachent aux principes ou aux promesses de ce pacte national; il faut le doter de l'explication de toutes les lois qui ont appliqué ceux-là ou qui ont rempli celles-ci; il faut placer dans son domaine, non-seulement les sommités, les règles générales, les systèmes culminants de ces lois, mais encore le développement de tout ce qu'elles contiennent d'essentiel, c'est-à-dire de tout ce qu'aurait à exposer le cours de droit administratif lui-même, s'il demeurait chargé de leur enseignement. Il y a économie de temps et avantage pour l'intelligence des choses enseignées à ne pas morceler celles-ci, en les plaçant dans des cours différents, suivant qu'il s'agit des points fondamentaux, ou des règles de détails. Du moment où un sujet est attribué à une chaire, c'est là qu'il doit être épuisé.

Dans ce système, toutes les lois qui se rattachent aux onze premiers articles de la charte, toutes celles qui se lient aux articles 40 et 41, liés eux-mêmes à l'article 2, seront attribuées au cours de droit constitutionnel; de telle sorte que le cours de droit administratif n'aura désormais à s'occuper ni des cultes, ni de la gestion des biens des établissements religieux, ni de la presse, ni des élections, ni de l'expropriation pour cause d'utilité publique, ni des modes divers du recrutement des armées de terre et de mer, ni de la garde nationale, ni des impôts, ni de leur perception ou de leur emploi, ni de la comptabilité, ni enfin d'aucune portion de notre régime financier actuel.

C'est ainsi que toutes ces matières devenant l'apanage du cours de droit constitutionnel, ce cours lui-même deviendra l'auxiliaire du cours de droit administratif, et qu'un partage à peu près égal se faisant entre eux, on doit croire qu'ils parviendront l'un et l'autre à se renfermer dans la période d'une année, sans qu'ils cessent, pour cela, d'offrir un enseignement complet.

En adoptant ce plan, la Faculté s'associe nécessairement à l'idée d'un programme de distribution entre les deux chaires.

Reste la question des grades universitaires limités au domaine spécial du droit public.

La Faculté a déjà dit qu'elle ne les admettait pas, et, sur ce point, elle n'a que quelques mots à ajouter.

La science générale du droit est *une* dans ses principes dominants. On ne la divise en plusieurs branches qu'à raison des objets différens auxquels ceux-ci doivent être appliqués et des modifications que les principes secondaires et les règles de détail subissent, afin d'atteindre partout un but final qui est la justice. Pour acquérir la connaissance du droit, il faut donc l'étudier sur chacun des points soumis à son empire, et dès lors il est raisonnable de n'admettre qu'une série uniforme de diplômes, attestant les divers degrés de savoir auxquels un candidat est parvenu dans cette science qui, de sa région culminante, fait découler partout la même nature de doctrine.

La distinction des anciens gradués en droit civil et en droit canon importe peu dans les circonstances présentes : le régime d'autrefois était un régime de *disparates;* le régime actuel est un régime d'*unité*, sous lequel, en cette matière du moins, l'imitation serait illogique, sans offrir aucun résultat utile. La Faculté croit que l'opinion qu'elle vient d'exprimer devrait prévaloir alors même que, contre son avis, on érigerait des écoles spéciales de droit public séparées des Facultés actuelles. A plus forte raison doit-elle la maintenir après qu'elle vient d'insister fortement, pour que l'enseignement développé du droit public soit donné dans celles-ci. Si l'on adoptait l'idée qu'elle croit devoir combattre, ne s'exposerait-on pas à en voir bientôt exagérer l'application ? Ne voudrait-on pas aussi des docteurs en droit commercial ou en droit criminel? Et serait-il convenable d'en refuser l'institution, après avoir établi celle des docteurs en droit civil, des docteurs en droit public, et des docteurs *in utroque ?*

Encore une fois, il n'y a qu'*une* science générale du droit. C'est donc uniquement dans le rapport de cette science à ceux qui l'étudient qu'il faut prendre le point de départ des grades conférés à l'instruction acquise.

§ 3.

Institution d'un corps d'agrégés, mode de parvenir au professorat.

Sur le troisième point, relatif à l'institution de corps d'agrégés, la Faculté n'admettrait pas cette institution qui appellerait peut-être parmi nous ces usages allemands, ces enseignements, ces cours libres où l'auditoire ne se remplit, où la foule n'est appelée souvent que par des bizarreries ou des hardiesses peu compatibles avec l'ordre.

Et si, au contraire, l'on ne veut des agrégés que pour suppléer les professeurs en titre, et pour le service obligé, pourquoi changer la dénomination ? La Faculté croit donc que l'institution des suppléants doit être conservée telle qu'elle est, et sauf à augmenter le nombre des suppléants suivant les besoins du service, si de nouvelles chaires étaient créées.

Mais, ajoute le rapport de M. le ministre, *quel ordre lierait les deux degrés du professorat l'un à l'autre ?* C'est, aux yeux de la Faculté, soulever la question du concours pour passer de la position de professeur suppléant à la position de professeur en titre.

La Faculté ne serait pas éloignée de penser que, dans certains cas, les antécédents seuls du professeur suppléant et la manière dont il aurait, pendant un certain nombre d'années, rempli ses fonctions, pourraient être un titre suffisant pour passer aux fonctions de professeur en titre, sans nouveau concours; mais cette pensée pourra être réalisée par la mesure que va proposer la Faculté.

Quoi qu'il ait pu être dit contre l'usage des concours, ce moyen, on ne saurait se le dissimuler, est toujours entouré de la faveur publique, et, à tout considérer, c'est encore le meilleur à employer, sinon pour amener toujours le choix le plus à désirer, du moins pour écarter toutes les médiocrités réelles et sauver au ministre les obsessions dont l'intrigue pourrait l'assiéger.

La Faculté croit donc que le concours doit être conservé en principe, non-seulement pour arriver à la position de professeur suppléant, mais encore pour parvenir à celle de professeur en titre; mais si l'on veut la conservation du concours, il le faut tel qu'il puisse bien remplir le but. Or, si l'homme qui aspire aux hautes fonctions de l'enseignement doit prouver son savoir, il doit surtout et essentiellement prouver qu'il est apte à le communiquer.

C'est dire assez que dans les épreuves du concours doit dominer essentiellement celle des leçons où les sujets seraient envisagés successivement sous les rapports philosophique, historique et juridique. Ces dernières leçons pourraient être en quelque sorte improvisées.

A cette épreuve se joindraient une ou plusieurs dissertations à faire dans un temps donné, avec ou sans les textes, ce qui paraîtrait pouvoir remplacer avantageusement ces luttes quelquefois puériles, ces luttes à coups d'arguments qui rabaissent peut-être le combat lui-même, et écartent trop souvent l'homme d'un vrai mérite.

Du reste, les épreuves et les sujets des épreuves devraient varier suivant qu'il s'agirait d'un concours pour une suppléance, ou pour une chaire en titre, ou pour telle ou telle chaire. Avec ces conditions on devrait peut-être cesser de craindre que des hommes qui ont déjà fait leurs preuves par des écrits ou autrement, qui ont une réputation à conserver, pussent redouter encore de se présenter à des concours ainsi organisés. Pourquoi craindraient-ils de faire en public des leçons qu'à l'avenir ils aspirent à faire tous les jours?

Mais enfin, si sur ce point quelque inquiétude pouvait encore se manifester, la Faculté concevrait qu'on pût y faire droit en admettant, qu'en outre de toutes les places de nouvelle création restant à la nomination de M. le ministre, on laissât encore à sa disposition quelques places de professeur à mesure des vacances, et cela dans une proportion qui serait déterminée, mais qui n'excéderait pas le quart, et sur une liste de présentation de trois candidats pour la chaire vacante, émanée de la Faculté où la place serait à remplir.

Cette mesure serait appliquée spécialement à chaque Faculté de telle manière qu'après une nomination au choix, trois nominations au concours y devinssent nécessaires; et c'est alors qu'il serait particulièrement tenu compte des titres que se seraient créés MM. les professeurs suppléants par leur zèle, leur empressement au service et leurs talents : qui mieux aurait prouvé en effet qu'il remplira bien les fonctions de professeur en titre, que celui qui, déjà et pendant longtemps, les aurait bien et dignement exercées comme professeur suppléant? Ce seraient là, sans doute les premiers candidats qui, le plus souvent, seraient désignés à la bienveillance du ministre.

Ce système paraîtrait, à MM. les professeurs de la Faculté, concilier d'une manière convenable ce qui pourrait être dû à certaines positions et aux encouragements à accorder au zèle de MM. les suppléants, avec le principe des concours nécessaires à conserver.

MM. les suppléants voudraient, au contraire, arriver de plein droit au professorat, sans concours, et pour un quart des places vacantes, après dix ans de fonctions.

§ 4.

Accès à ouvrir aux professeurs pour aller d'une Faculté dans une autre.

Mais si le concours doit être maintenu, toujours pour les suppléants, et en général pour le professorat en titre, une fois attaché comme titulaire à telle Faculté, le professeur pourrait-il, *sur sa demande, ou de son consentement*, sans concours, être appelé à occuper une chaire dans une autre Faculté? C'est la quatrième question proposée par M. le ministre, d'une manière restreinte, c'est-à-dire sous le rapport seulement du passage d'une Faculté de département à la Faculté de Paris, et encore pour certaines chaires *spéciales*.

Cette question, comme toutes les autres, a excité toute l'attention de la Faculté de droit de Grenoble.

Et d'abord, si le principe en lui-même était admis, la Faculté ne voit guère pourquoi son application serait ainsi restreinte.

Si le bien du service pouvait engager à appeler un professeur d'une Faculté de département à la Faculté de Paris, pourquoi n'admettre cette mesure que pour des chaires *spéciales*, c'est-à-dire toutes différentes de celle que quitterait le professeur appelé, c'est-à-dire précisément celles pour lesquelles l'exercice de ses fonctions antérieures présenterait le moins de garanties? C'est peut-être le contraire qui devrait être admis, c'est-à-dire l'appel d'une chaire à une chaire analogue.

Ensuite, si les considérations dont on vient de parler, ou autres, peuvent engager à appeler un professeur de département à Paris, pourquoi ne pas admettre cette mesure entre les différentes Facultés du royaume indifféremment, et même de la Faculté de Paris à une Faculté de département, si des circonstances telles se présentaient (et cela pourrait arriver) qu'un professeur de Paris pût désirer une semblable mutation?

La Faculté croit donc d'abord que si le principe était admis, il devrait être généralisé ainsi qu'il vient d'être indiqué.

Quant au principe lui-même, elle ne se dissimule pas ce que son application pourrait entraîner d'inconvénients, en enlevant peut-être trop souvent aux Facultés de département leurs sujets les plus éminents pour les transporter sur un autre point où l'agglomération est déjà si grande par suite d'autres considérations, et en privant ainsi les Facultés d'un élément de succès, d'une espérance de prospérité : *préjudice pour toutes, une seule exceptée.*

Ces considérations sont graves, et la Faculté en a apprécié la portée; cependant, après y avoir mûrement réfléchi, elle est restée convaincue que le danger tiendrait bien moins à la règle elle-même qu'à la manière dont elle serait appliquée; et se confiant en la sagesse de M. le Ministre, et bien persuadée qu'il envisagera toujours le bien général de l'enseignement et non pas seulement celui d'une localité particulière ou des convenances personnelles, elle adhère à la consécration du principe qui permettrait la promotion d'un professeur en titre, sans nouveau concours, d'une Faculté dans une autre. Une telle disposition ne serait pas seulement une juste récompense de services rendus à l'enseignement et de gloire acquise pour le corps enseignant, mais encore un noble stimulant pour les témoins de son exécution.

Toutefois la Faculté de droit de Grenoble ajouterait comme une restriction utile, que pareille promotion ne pourrait avoir lieu qu'après dix ans d'exercice comme professeur en titre, et toujours, bien entendu, du consentement du titulaire.

§. 5.

Cumul de l'exercice de la profession d'avocat avec les fonctions de professeur.

La dernière question à résoudre est celle de l'incompatibilité des fonctions du professorat avec celles du barreau, ou du moins du barreau d'audience (car c'est sans doute de ce dernier point seulement qu'il est question).

Les dispositions relatives à l'ordre des avocats, et entre autres, l'article 42 de l'ordonnance du 20 novembre 1822, ont établi l'incompatibilité des hautes fonctions du barreau avec certaines positions sociales, comme, par exemple, avec tout *négoce*, toute *profession d'agent d'affaires*, etc., et l'on comprend de pareilles exclusions : elles tiennent à la dignité même du barreau. Mais on n'avait point songé encore à établir la même incompatibilité des fonctions du barreau avec l'enseignement du droit, une incompatibilité entre deux choses qui ont entre elles tant d'affinités : qui peut mieux, en effet, réclamer et diriger l'application de la loi que celui qui en fait une étude de tous les jours en l'enseignant ? Croirait-on donc aussi qu'il doit y avoir incompatibilité entre l'enseignement de la médecine et son application ? Au contraire, des deux côtés la pratique, la mise en œuvre des principes ne viennent-elles pas éclairer et assurer la théorie ? Et ne serait-ce pas une vérité de dire que le professeur de droit qui dirigera ainsi son enseignement et qui ne restera pas sans cesse dans des abstractions, aura plus d'espoir de lancer dans la société de jeunes intelligences mieux préparées à en remplir tous les devoirs.

Parlerait-on de la dignité du professorat qui pourrait quelquefois avoir à souffrir dans les luttes du barreau et dans la position où il serait placé vis-à-vis la magistrature ? Mais la magistrature elle-même sait respecter cette espèce de sacerdoce par lequel elle a été formée, et qui devant elle viendra, dans des cas peu fréquents peut-être, donner et le précepte et l'exemple, et qui saura aussi, se respectant lui-même, ne jamais venir soutenir devant les organes de la justice des doctrines qui ne soient celles de la chaire.

M. le Ministre parle de *faits récents* qui l'auraient engagé à proposer la question dont il s'agit : la Faculté ne connaît pas ces faits; mais il y a quarante ans que les Facultés de droit existent, et jusqu'à présent on n'avait pas vu d'inconvénients attachés à l'alliance du barreau avec les fonctions du professorat; on n'avait vu que ses avantages et le lustre respectif que l'une des fonctions peut jeter sur l'autre.

Ce fait ou ces faits indiqués par M. le Ministre doivent donc être regardés comme isolés; et, dans tous les cas, ils ne pourraient être un motif suffisant pour admettre une disposition aussi grave que celle dont il s'agit, pour déclarer que du moment qu'un avocat est promu aux dignes fonctions de l'enseignement du droit, il est repoussé des fonctions du barreau ou d'une portion de ces fonctions.

La Faculté se ferait des reproches amers si elle ne combattait de toutes ses forces la pensée d'une pareille exclusion; elle croit, au contraire, que cette alliance ancienne du barreau et de l'enseignement du droit, que cette alliance heureuse doit être maintenue, qu'en un mot le professeur doit rester avocat et avec toutes les prérogatives de l'avocat.

On ne doit s'arrêter que devant les besoins du service : ici, la Faculté le proclame hautement, tout doit céder devant les devoirs acceptés du professorat; tout obstacle à l'accomplissement complet et exact de ces devoirs doit être écarté; mais pour cela le pouvoir disciplinaire de MM. les doyens et l'autorité de M. le Ministre suffisent avec les dispositions actuellement existantes, comme ils suffiraient pour prévenir tous faits qui, comme ceux auxquels fait allusion M. le Ministre, pourraient, au barreau ou ailleurs, compromettre la dignité du professorat.

Et si ce pouvoir suffit, on doit s'estimer heureux de ne pas, en prononçant en principe une incompatibilité nouvelle, exiger un sacrifice douloureux et dont rien ne paraît justifier la nécessité.

Ainsi a été délibéré et arrêté par la Faculté de droit de Grenoble, et inscrit sur ses registres, le 17 mai 1845.

(*Suivent les signatures.*)

La lettre d'envoi de la délibération de la Faculté de droit de Grenoble, contenant les observations personnelles de M. le doyen sur la question traitée en dernier lieu par la Faculté, celle du cumul des fonctions de professeur avec celles d'avocat, on reproduit ici cette lettre :

Grenoble, le 19 mai 1845.

Monsieur le Ministre,

J'ai l'honneur de vous transmettre les observations délibérées par la Faculté de droit de Grenoble :

1° Sur les principales questions soulevées dans votre rapport au roi sur les hautes études de droit, en date du 20 février 1845;

2° Sur le cumul des fonctions de professeur avec celles d'avocat, objet de votre circulaire aux Facultés de droit du 8 avril 1845.

J'ai concouru, Monsieur le Ministre, comme professeur titulaire de la Faculté, à la discussion des questions résolues par elle, après mûre délibération; mais il est une de ces questions sur lesquelles je dois vous exprimer comme *doyen*, chef et administrateur de la Faculté, une opinion spéciale, dès l'instant où elle intéresse le bien-être du service : je veux parler de la question *du cumul des fonctions de professeur et d'avocat.*

Cette question n'est pas nouvelle.

Elle aurait été résolue affirmativement par un arrêt du parlement de Paris du 6 septembre 1777, rapporté dans l'*Encyclopédie du droit*, au mot *Avocat.*

M. Philippe Dupin, auteur de l'article, donne son assentiment à cette décision, à raison de l'analogie des travaux et des liens intimes qui unissent les deux professions.

Telle n'est pas, Monsieur le Ministre, l'opinion qu'après quatorze ans de la durée de mes fonctions de doyen, j'exprimais à Votre Excellence, le 20 février 1838, spontanément et sans y avoir été provoqué autrement que par une confiance respectueuse dans les hautes vues d'améliorations qui signalèrent votre première entrée dans le ministère de l'instruction publique.

Je vais reproduire littéralement ma lettre :

« Depuis que je dirige la Faculté de droit de Grenoble, elle a compté parmi ses « professeurs (comme plusieurs autres Facultés du royaume), des magistrats, des « avocats plaidants, tour à tour occupés à l'école et au palais :

« Ce cumul de fonctions différentes n'aurait pas d'inconvénients si le magistrat

« et l'avocat plaidant n'étaient pas obligés de paraître au palais, à des jours et à des « heures déterminés : de même que le professeur est aussi appelé à l'école à des « jours et à des heures fixes, soit pour enseigner, soit pour concourir à des exa- « mens et à des actes publics. Or, il est souvent difficile et quelquefois impossible « de concilier ces exigences diverses, même avec la meilleure volonté de la part du « doyen de faire toutes les concessions qui ne seraient pas nuisibles au service, « mais seulement gênantes.

« Depuis 1830, le cumul des fonctions de magistrat et de professeur paraît avoir « cessé assez généralement; il offrait de plus cet inconvénient particulier que le pro- « fesseur obligé d'émettre, dans son cours, une opinion déterminée sur certaines « questions controversées en doctrine ou en jurisprudence, pouvait plus tard être « appelé à juger un procès dans lequel l'une de ces questions se serait présentée; « et alors les deux plaideurs pouvaient se dire : l'un, *j'aurai pour moi*, et l'autre, « *j'aurai contre moi* M. le magistrat professeur.

« Quant à l'avocat professeur, c'est assurément un avantage incontestable, une « garantie de bon enseignement qu'*avant* de monter dans la chaire de professeur, « il se soit exercé longtemps dans des luttes judiciaires : il comprendra mieux la « loi, il en montrera plus clairement les applications; mais *après* qu'il est devenu « professeur, ce n'est plus *à l'audience*, mais seulement *dans le cabinet* qu'il doit « rester avocat.

« *Ce n'est plus à l'audience*, parce que les heures obligées du palais, la néces- « sité d'y paraître à jour fixe et aussi à des jours imprévus par suite d'affaires com- « mencées et continuées, les fatigues de la plaidoirie, nuiront toujours, plus ou « moins, aux devoirs du professeur, lequel sera suivi, dans sa chaire et aux exa- « mens, des préoccupations de la discussion renvoyée au lendemain, ou du procès « nouveau à préparer pour le jour suivant.

« Et dans les questions controversées dont je parlais tout à l'heure, combien aussi « sera fausse et peu digne la position de l'avocat ayant à combattre peut-être, au- « jourd'hui, la doctrine qu'il professait la veille; et plus tard à le faire contre un « jeune confrère, naguère son élève.

« Le professeur peut, au contraire, *rester avocat dans le cabinet*, parce que là, « comme dans sa chaire, il doit professer les principes du droit dans toute leur « pureté et montrer à nu, au plaideur, le néant ou le fondement de sa prétention ; « parce qu'il ne donnera audience aux consultants qu'aux jours et aux moments con- « ciliables avec les devoirs de son enseignement. L'accomplissement des fonctions « du professeur aura lieu avant tout, sera pour lui la chose principale, essentielle « et facile. »

Le 21 mars 1838, je reçus de vous, Monsieur le Ministre, la réponse suivante :

« J'ai examiné avec beaucoup d'intérêt les observations que vous m'avez fait

« l'honneur de me transmettre sur les inconvénients qui résultent du cumul des « fonctions de professeur et de juge et d'avocat plaidant. — Ces observations pré- « sentent une question très-grave qui n'a pas eu de solution dans la législation ac- « tuelle. Elles seront cependant conservées pour être consultées au besoin. »

Trois mois après, Monsieur le Ministre, vous faisiez en effet figurer cette question parmi celles que vous indiquiez à la commission des hautes études du Droit, réunie pour la première fois le 30 juin 1838, comme devant être examinées par elle :

« Dans l'état actuel des choses, les professeurs revendiquent le droit d'exercer « la profession d'avocats consultants, et même d'avocats plaidants. On a vu ainsi « un professeur plaider contre l'Université pour un étudiant coupable d'une faute « en matière d'examen. Sans s'arrêter à cette espèce fâcheuse, n'est-il pas contraire « aux intérêts et à l'honneur du professorat que l'interprétation impartiale et ma- « gistrale des textes s'allie chez eux à la discussion nécessairement partiale et inté- « ressée de l'avocat ? Est-t-il convenable que cette magistrature (car le professorat « universitaire est constitué ainsi) paraisse à la barre des tribunaux et y soit passi- « ble des réprimandes et autres peines qui sont dans le droit immédiat du juge, « quand l'Université ne pourrait prononcer des peines analogues ou même moin- « dres qu'avec des formes lentes et solennelles ? »

Dans les derniers jours de novembre de cette même année 1838, M. Bérenger, conseiller à la cour de cassation, membre de la commission des hautes études du droit, visitait officiellement la Faculté de droit de Grenoble, conférait avec ses membres sur cette question de cumul, et notait, comme l'opinion de la majorité, que le professeur devait s'abstenir de l'exercice de la profession d'*avocat plaidant*, mais non de celle d'avocat consultant, qui offrait des avantages pour le professorat et maintenait des liens naturels entre les membres du barreau et ceux du corps enseignant.

Les choses restées en cet état, vous avez, Monsieur le Ministre, par votre circulaire du 8 avril 1845, demandé officiellement l'avis des Facultés de droit sur une question dont des faits graves et notamment un fait récent établissaient l'opportunité d'un examen actuel. C'est une marque de haute estime et de grande confiance que vous avez donnée aux professeurs et suppléants, en les appelant à prononcer sur leurs deux existences confondues, sur la durée plus ou moins entière de leurs deux individualités actuelles.

La position était difficile.

A plus de six ans d'intervalle, la Faculté de droit de Grenoble a délibéré et arrêté, à la majorité, une solution différente de l'avis qu'elle avait émis d'abord, avec moins de réflexion et de solennité, en présence de M. Bérenger.

Comme *professeur*, j'ai subi dans cette discussion l'avis de la majorité.

Comme *doyen* de la Faculté, j'ai une opinion isolée et spéciale à exprimer à à M. le ministre, Grand Maître de l'Université.

Plus encore, à cette occasion, j'ai dû me dépouiller des deux individualités de *professeur* et d'*avocat* pour ne conserver que celle de *doyen*, sans autres préoccupation que les besoins de l'enseignement, les devoirs du professeur, le bien-être du service, les convenances universitaires.

Eh bien, après l'examen le plus consciencieux, après les plus mûres réflexions, je suis resté de plus en plus convaincu :

1° Que l'exercice de la profession d'*avocat plaidant* ne pouvant être accordé à tous les professeurs indistinctement d'une Faculté de droit (il n'y a pas d'opinion contraire dans ce cas), devait être refusé à quelques-uns, la règle devant être égale pour tous;

2° Que l'autorisation accordée à quelques-uns seulement produirait encore la majeure partie des inconvénients signalés; qu'elle apporterait notamment des entraves au service des examens, aux réunions de la Faculté, à l'ordre des cours;

3° Que, sous un point de vue plus élevé, celui de la prospérité de l'enseignement et les progrès de la science, les études, les fonctions du professeur devant être son occupation principale, habituelle, ne peuvent se concilier avec les sacrifices de temps et l'absence de repos qu'exige de l'avocat la carrière laborieuse et absorbante de l'audience; il faut être professeur avant tout et surtout;

4° Qu'il faut absolument accorder au professeur l'autorisation dont jouit le magistrat de plaider dans tous les tribunaux leurs causes personnelles et celles de leurs femmes, parents ou alliés en ligne directe, et de leurs pupilles. — (Art. 86 du Code de procédure civile.)

5° Qu'il faut autoriser l'exercice de la profession d'*avocat consultant*, essentiellement libre, indépendante, en parfaite harmonie avec le professorat, l'une et l'autre profession se rendant de mutuels services et s'honorant respectivement.

Je suis avec respect,

Monsieur le Ministre,

Votre très-humble et obéissant serviteur,

Le doyen de la Faculté de droit de Grenoble,

AUG. GAUTIER.

V.

FACULTÉ DE DROIT DE PARIS.

EXTRAIT DU REGISTRE DES DÉLIBÉRATIONS.

Séance du 26 juin 1845.

La Faculté arrête que la réponse suivante sera adressée à M. le Ministre de de l'instruction publique.

Monsieur le Minstre,

La Faculté de droit de Paris doit d'abord vous remercier de la marque de confiance que vous lui donnez en demandant son avis sur les projets d'amélioration que vous inspire votre sollicitude pour l'accroissement et la prospérité de l'enseignement du droit.

Elle a tâché de répondre à cette confiance en méditant sérieusement sur les importantes questions proposées dans votre rapport au Roi, et en les soumettant à une discussion approfondie.

Dans cette discussion et dans les résolutions qui l'ont suivie, nous avons eu continuellement en vue, pour tâcher de les éviter, deux écueils également dangereux. L'un consisterait dans un attachement aveugle au présent qui, fermant les yeux sur les besoins nouveaux ou sur les abus existants, fixerait l'enseignement dans la routine et exclurait absolument le progrès.

L'autre consisterait dans une réprobation non moins aveugle de ce qui existe, poussant imprudemment dans la carrière des innovations pour aboutir à une destruction complète du présent, et faire ainsi place à d'interminables essais.

Marcher d'un pas ferme entre ces deux écueils, c'est là sans doute une tâche difficile; votre sagesse, Monsieur le Ministre, saura la remplir. Pour nous, il nous semble que le moyen d'atteindre le but, c'est d'abord de bien étudier l'état présent, de bien se pénétrer de ses raisons d'*être;* et si cette étude, appuyée par l'expérience, démontre que les bases sont bonnes, il faut accueillir avec une juste défiance les idées nouvelles, en calculer sévèrement les avantages et les inconvénients, et ne les admettre que sous deux conditions : 1° Qu'elles soient bonnes en elles-mêmes;

2° qu'elles ne soient pas subversives des bases que l'on veut maintenir, et puissent être mises en harmonie avec les parties nécessaires à conserver de l'institution actuelle.

C'est à ce point de vue que la Faculté s'est placée dans l'examen des questions proposées, questions nombreuses qui peuvent se ramener à deux catégories :

1° Celles qui ont pour objet l'organisation et le complément de l'enseignement;

2° Celles qui sont relatives à la constitution du professorat.

§ 1er.

Organisation de l'enseignement.

La première catégorie comprend plusieurs questions de détail, toutes dominées par une question générale, celle de l'insuffisance reprochée à l'enseignement actuel, principalement sous le rapport des sciences politiques et administratives.

Cette insuffisance est-elle réelle? Et si elle est reconnue telle, quels sont les moyens d'y pourvoir? Deux points qu'il faut examiner successivement.

Avant d'aborder de front la question d'insuffisance, il convient de bien déterminer la destination des écoles de droit; il faut surtout se garder de confondre l'instruction que les jeunes gens doivent y puiser, avec celle qu'ils doivent trouver plus tard dans la méditation, l'étude des auteurs, l'application pratique qui doit constituer le noviciat de chaque profession.

L'objet des cours publics, la mission des professeurs n'est pas de produire immédiatement des savants, encore moins des praticiens, des juges ou des administrateurs. Ce n'est pas en trois années d'étude exigées par la loi pour le grade de licencié, ce n'est pas dans une année de plus exigée pour le doctorat, que l'élève le plus intelligent et le plus zélé peut devenir jurisconsulte, et pour l'aptitude aux fonctions publiques, elle ne peut s'acquérir si l'éducation n'est complétée par quelques essais pratiques, objets d'un stage, organisé pour certaines carrières, et qui devrait l'être pour toutes.

Quant à l'enseignement des écoles, il a atteint son but s'il a mis les jeunes gens dans la route, et leur a fourni le moyen de travailler seuls. C'est assez dire que cet enseignement ne doit pas embrasser le détail de toutes les parties de la législation. Il suffit qu'il en contienne les principes et les éléments : éléments généraux qui se trouvent dans l'étude approfondie du droit civil considéré comme base commune; éléments particuliers à chaque branche du droit dont un certain nombre de cours spéciaux doivent présenter la théorie, sans comprendre l'explication détaillée des nombreux textes, qu'il suffit d'apprendre à consulter au besoin.

L'enseignement, tel qu'il est aujourd'hui constitué, remplit-il ces conditions? Il nous semble du moins qu'il laisse bien peu à désirer si partout il embrasse le droit romain, les cinq Codes et le droit administratif. Il nous semble surtout qu'avec les développements qu'il a reçus dans la Faculté de Paris qui possède un si grand nombre de chaires spéciales, le but est atteint et, peut-être, dépassé. Car le temps d'études suffit maintenant à peine pour le classement des élèves à chaque cours, et il y a telle année où ils sont obligés d'en suivre cinq.

Toutefois, Monsieur le Ministre paraît surtout préoccupé du besoin de fortifier l'étude du droit administratif *en lui donnant l'appui de quelques autres branches du même ordre de connaissances et d'études;* et d'approprier à la carrière politique et administrative, un système d'enseignement complet pouvant former une annexe de la Faculté de Paris, ou même une Faculté nouvelle.

Cette idée se lie sans doute, dans la pensée de l'autorité supérieure, à l'intention de proposer une loi qui exigerait pour les carrières politiques les grades, que la loi constitutive des écoles de droit exige seulement pour la magistrature, le barreau et l'enseignement.

En effet, tant que ces grades ne seront point légalement exigés, l'organisation d'un enseignement spécial serait évidemment prématurée. Car les cours des Facultés ont pour destination la collation des grades : et les chaires que l'on créerait prématurément ne trouveraient pas cet auditoire sérieux et obligé, que Monsieur le Ministre désire même pour les Facultés des lettres.

Quoi qu'il en soit, et en raisonnant dans l'hypothèse, appelée de nos vœux, où les grades seraient exigés, nous nous demandons ce qu'il y aurait à faire pour approprier l'enseignement à cette destination nouvelle. A cet égard, nous pensons que l'organisation actuelle de la Faculté de Paris pourrait offrir de grandes ressources. Selon nous, en effet, les nombreuses chaires qu'elle possède renferment en très-grande partie, dans leurs attributions bien définies, les divers objets d'étude signalés dans le rapport au Roi. Le droit public notamment, dont l'importance est si justement sentie, y occupe une grande place, car il s'enseigne dans trois chaires, savoir : celle de droit constitutionnel, celle de droit administratif, celle de droit international ou des gens. Nous croyons, en outre, que le but proposé pourrait facilement être atteint par quelques modifications à introduire dans les règles relatives à la collation des grades.

Mais avant d'exposer à cet égard nos vues, nous n'hésitons pas à repousser énergiquement, et de prime abord, deux idées qui nous paraîtraient également funestes et contraires au but annoncé de progrès et d'amélioration des études de droit.

L'une de ces idées serait la création d'une Faculté nouvelle, l'autre, qui se confond en réalité avec celle-là, consisterait dans une séparation complète de l'enseignement du droit, suivant la direction des étudiants vers les diverses carrières,

La science du droit est une, quoiqu'elle se divise en plusieurs branches : car toutes ses parties se tiennent et reposent sur une base commune, la distinction du juste et de l'injuste. L'étude du droit civil ou privé, contenant la constitution de la famille, l'organisation de la propriété et la théorie des obligations, est une introduction nécessaire au droit public qui ne fait qu'appliquer les mêmes principes pour régler les rapports des nations entre elles ; comment dès lors approprier à la carrière politique ou administrative un enseignement complet qui ne comprendrait pas l'étude du droit civil? S'il doit la comprendre, comment constituer en deux Facultés distinctes le corps chargé de l'enseignement du droit? Dira-t-on que l'enseignement du droit politique ou administratif pourrait n'être envisagé que comme un complément à l'étude du droit civil, et que l'école spéciale de droit politique ou administratif serait destinée à recevoir les élèves sortant de la première école? Mais ce serait là encore une idée malheureuse, qui tendrait à rabaisser la dignité de l'école actuelle, et qui reposerait d'ailleurs sur cette fausse supposition que l'enseignement du droit doit rester complétement en dehors des sciences politiques.

Nous pensons au contraire qu'un cours d'études uniforme, comprenant le droit civil et les notions essentielles du droit public, doit être imposé à tous ceux qui aspirent aux diverses carrières pour lesquelles les grades sont ou seront exigés ; mais qu'à la suite, et comme complément de ce cours ordinaire, on pourrait soumettre à une prolongation d'études, et à un examen sur des matières spéciales, les licenciés aspirants à certaines carrières.

Expliquons à cet égard notre pensée ; selon nous, le cours triennal d'études, comprenant, comme il comprend de fait le droit administratif, et le grade de licencié auquel ce cours conduit, devrait être exigé comme condition commune pour les diverses carrières, politiques, administratives ou judiciaires. Mais si l'on juge que l'étude du droit administratif, partie intégrante mais non principale du cours de licence, ait besoin d'être fortifiée par l'appui de quelques branches du même ordre de connaissances, il faut réserver cet enseignement pour une quatrième année. C'est déjà ce qui a lieu à la Faculté de Paris, où les aspirants au doctorat, tenus comme tels à cette quatrième année d'études, suivent avec le cours d'histoire du droit et deux cours de Code civil, le cours de droit constitutionnel et le cours de droit international. Si l'on adoptait cette idée, on pourrait alors, pour certaines fonctions, sans exiger le doctorat, qui ne doit s'obtenir qu'à des conditions plus difficiles, exiger au moins des licenciés, suivant la carrière à laquelle ils se destinent, un certain temps d'étude et un examen spécial sur une ou plusieurs des matières enseignées à la quatrième année. Mention de cet examen devrait être faite sur le diplôme de licencié, qui pourrait à cet effet être échangé, s'il avait été précédemment obtenu sans cette mention.

Cette mesure semblerait satisfaire à tous les besoins, et ne donnerait pas lieu à l'objection qui a été faite dans les chambres, contre la proposition d'exiger le grade de docteur pour les fonctions d'auditeur au conseil d'Etat.

Quant au grade de docteur, notre pensée est qu'il ne doit jamais être conféré qu'après étude réitérée et approfondie de toutes les matières de l'enseignement, et sur des épreuves qui les comprennent toutes. Nous appliquons cette idée au cas même ou l'enseignement, déjà si étendu dans notre Faculté, devrait encore être aggrandi. Mais nous devons saisir cette occasion pour demander au législateur des modifications dans les conditions requises pour l'obtention de ce grade. Nous pensons qu'une cinquième année d'étude devrait être ajoutée; que les deux examens aujourd'hui exigés devraient être, comme ils l'étaient précédemment, spéciaux, l'un sur le droit romain, l'autre sur le droit civil français; et que les matières de droit politique et d'histoire du droit, qui ont été introduites dans le deuxième examen, devraient faire l'objet d'un ou plusieurs examens distincts. Car le deuxième examen, tel qu'il est aujourd'hui organisé, dépasse les forces du meilleur élève.

Résumant ici nos idées sur la question générale d'organisation, nous pensons :

1° Que l'enseignement, tel qu'il est constitué dans les diverses Facultés du royaume, est suffisant pour les aspirants au barreau et à la magistrature, seules carrières pour lesquelles les grades soient exigés par la loi en vigueur. Le développement qu'il a reçu dans la Faculté de Paris dépasse même, sous ce rapport, les besoins, et n'est pas en harmonie avec la brièveté du temps d'étude et le nombre légal d'examens;

2° Que si une loi nouvelle exigeait des grades pour les carrières politiques ou administratives, alors, mais seulement alors, il y aurait quelque chose à faire pour approprier l'enseignement à cette destination, et voici, dans cette éventualité, l'ordre d'idées qui nous paraîtrait devoir être adopté :

Point de Faculté nouvelle;

Point de séparation à établir en principe entre les études de droit, suivant les diverses carrières que les étudiants peuvent avoir en vue; car le droit est *un*, et l'étude du droit dans son ensemble est toujours utile, soit qu'il s'agisse de l'employer à la direction ou à la décision des affaires privées; soit qu'il s'agisse de l'appliquer à la politique, à l'administration ou à la diplomatie.

Un seul et unique grade de licencié conférant aptitude générale pour toutes les carrières dans lesquelles la connaissance du droit est nécessaire;

Pour quelques fonctions ou professions, un complément d'étude et des examens spéciaux;

Au-dessus de tout le grade de docteur, conféré après des études complètes et des épreuves qui en embrassent tous les divers objets;

A cet effet, le temps d'études actuellement exigé pour ce grade devrait être prolongé, et le nombre des examens augmenté.

Parmi les autres questions relatives à l'organisation de l'enseignement, il en est une qui a dû appeler plus particulièrement notre attention, c'est la question du dédoublement de la chaire de législation criminelle et de procédure civile et criminelle. La réunion de cette double matière dans un seul cours paraît à M. le ministre restreindre dans de si étroites limites l'enseignement du droit criminel, qu'il va même jusqu'à en conclure que les lois pénales ne sont pas en réalité enseignées. Cette assertion, déjà produite dans un autre temps, et qui excita alors les justes réclamations de la Faculté, ne peut pas davantage obtenir aujourd'hui notre adhésion. Qu'à une époque fort éloignée, lorsque la chaire fut créée sous ce double titre, quand le Code de procédure civile venait d'être publié, et qu'on attendait encore les Codes qui devaient fixer notre droit criminel, cette partie, qui pourtant n'a jamais été entièrement négligée, occupât dans l'enseignement annuel de quelques professeurs une place moindre; qu'alors, et quelque temps encore après, elle n'ait pas même figuré parmi les matières d'examen, cela est vrai, et cela s'explique; mais en admettant même qu'il y ait eu alors matière à reproche, c'était là bien plutôt le vice de la pratique que le vice de l'institution. Ce qu'il y a de sûr, c'est que tel n'est pas l'état de choses actuel. Si l'on veut s'en convaincre, il suffit d'ouvrir les livres composés, à l'usage de leurs élèves, par les professeurs chargés de ce double enseignement; il suffit d'assister aux examens que l'on fait subir aux élèves sur le droit criminel. Le cours et les examens ne comprennent pas, sans doute, le détail des peines appliquées à chaque infraction; ils n'embrassent pas non plus ces théories élevées du criminaliste qui, dominant en quelque sorte la législation établie, et scrutant la base des pouvoirs sociaux pour en régler l'étendue, demande compte à la société du droit qu'elle exerce sur la vie ou la liberté de ses membres. Mais est-ce là vraiment une lacune dans l'enseignement scolaire? Cet enseignement ne doit-il pas être essentiellement positif? Et ne remplit-il pas ses conditions, s'il fait connaître aux étudiants la nature et la gradation des peines, les caractères de la criminalité avec les circonstances d'aggravation ou d'atténuation, la diverse nature des actions publique et civile, la compétence en matière criminelle, correctionnelle ou de police, le mécanisme de la procédure, depuis la plainte jusqu'au jugement? Or, nos cours de droit criminel embrassent tout cela, et l'expérience ne nous a pas révélé qu'une demi-année fût insuffisante pour remplir ce cadre.

Donner plus de développement à l'enseignement du droit criminel dans le cours triennal d'études, ce serait surcharger les élèves et les distraire de leur étude principale, celle du droit civil. Cet inconvénient serait grave, surtout à la seconde année consacrée à l'explication de la plus importante partie du Code civil.

Si l'on répond à cette objection que le zèle des bons élèves suffit à tout, et qu'ils doivent trouver dans les écoles un enseignement complet, un enseignement élevé sur cette branche importante de la législation, nous dirons que ce n'est pas une raison pour imposer indistinctement à tous une tâche au-dessus des forces communes, et que les élèves avides de s'instruire trouvent dans notre Faculté un aliment à leur zèle, puisqu'ils peuvent suivre, soit pendant le cours ordinaire de leurs études, si le temps leur suffit, soit après leurs études terminées, le *cours de législation pénale comparée.*

Jusqu'ici, nous avons envisagé la question du dédoublement sous le rapport de l'opportunité de la mesure. Si les raisons qui fondent notre conclusion négative ne paraissaient pas déterminantes à M. le ministre et à la commission des hautes études, il y aurait lieu alors d'envisager au point de vue de la légalité la mesure proposée. A cet égard, nous pensons que la constitution d'une chaire dont les attributions ont été déterminées par la loi, ne pourrait être changée que par une loi.

Dans l'hypothèse de ce changement, nous pensons encore, et nous disons avec la même conviction, que l'enseignement détaché du droit criminel n'étant point un enseignement nouveau, les chaires qui y seraient affectées ne pourraient être données que par la voie du concours.

Nous ne dirons qu'un mot sur deux questions élevées dans le rapport au Roi, et qui sont spécialement relatives à notre Faculté.

Premièrement : *Une chaire d'histoire du droit y reste depuis longtemps vacante ; cet état de choses doit-il continuer ?* Notre réponse est simple : toute chaire vacante doit être mise au concours. Nous invoquons une prompte application du principe à la vacance déjà trop prolongée de la chaire d'histoire du droit. A cette occasion, nous remarquons qu'il vaque aussi dans notre Faculté une suppléance, et qu'une autre reste de fait sans exercice depuis plus de quinze ans. Nous demandons l'exécution de la loi pour tenir notre personnel au complet.

Le rapport au Roi constate ensuite que *la Faculté de Paris renferme dans son sein plusieurs enseignements particuliers qui ne peuvent pas être tous obligatoires pour les élèves ;* M. le ministre demande *quels sont les moyens de coordonner ces enseignements et de les rendre tous également utiles.*

La Faculté pense qu'en principe les seuls cours facultatifs devraient être ceux que les suppléants obtiennent l'autorisation d'ouvrir. Mais lorsque l'importance reconnue d'un enseignement a motivé la création d'une chaire et la nomination d'un titulaire, cet enseignement devrait toujours être obligatoire et classé dans le cours régulier des études. C'est une raison nouvelle pour ne pas se hâter de créer des chaires avant que le cours d'étude ait été, s'il y a lieu, réorganisé de manière à supporter cet accroissement. Si par exemple l'idée plus haut émise, d'augmenter le temps d'étude pour le doctorat et pour l'obtention de certificats spéciaux, était accueillie, elle ouvrirait un moyen facile de classer tous les enseignements existants. Mais dans l'état actuel, il y a, comme nous l'avons dit, encombrement, et la Faculté, après mûre réflexion, ne peut persister dans le vœu précédemment exprimé de voir déclarer immédiatement obligatoires les cours qui ne le sont pas encore.

§ 2.

Constitution du professorat.

La constitution actuelle du professorat fondée sur la loi, appuyée par une expérience de quarante années, ne nous paraît pas susceptible de critique sérieuse, et le besoin d'amélioration ne nous a pas encore apparu.

La division des professeurs en deux classes, les titulaires et les suppléants, satisfait complétement à la nécessité reconnue d'un noviciat, et d'une sorte de milice d'essai. Les suppléants, participant à toutes les fonctions du professorat et pouvant ainsi occuper toutes les chaires, sont mis à même de révéler par la pratique, leur capacité déjà éprouvée, et d'acquérir par les concours, lorsqu'ils s'y présenteront de nouveau, les meilleurs et les plus significatifs des titres antérieurs.

Leur petit nombre, qui suffit pour les besoins du service (pourvu qu'on ait soin de les tenir au complet et qu'on ne prolonge pas indéfiniment les vacances), est dans une proportion convenable avec celui des titulaires. L'augmenter, ce serait, d'une part, réduire les émoluments de la place au-dessous de ce qu'exige la considération qui s'attache au titre, de l'autre éloigner pour chacun les occasions qu'ils ont de se produire et de faire leurs preuves dans les diverses chaires qu'ils sont appelés à occuper temporairement. Le nombre restreint des suppléants n'est pas seulement nécessaire à maintenir, pour conserver à leurs places un émolument convenable; il contribue encore à rehausser la considération attachée à leurs fonctions, considération telle qu'un homme de mérite peut, même à un âge avancé, s'honorer de ce second rang qui constitue vraiment un état.

Tous ces avantages seraient compromis par l'institution d'un corps d'agrégés, dont le titre, suivant toute apparence, serait stérile ou insuffisamment rétribué (encore cette rétribution insuffisante ne pourrait-elle être obtenue qu'au préjudice des suppléants actuels, dont il faudrait leur faire partager les attributions). Ce titre ne constituerait, pour le plus grand nombre de ceux qui en seraient revêtus, qu'une déception, puisqu'il ne pourrait ni assurer leur avenir, ni leur donner dans le présent une position.

Contre ces prévisions il n'y a rien à induire par analogie des résultats obtenus dans la Faculté de médecine pour l'institution des agrégés, car l'agrégation à l'école de médecine sert à constituer la clientèle du jeune médecin, mais il n'est nullement à espérer que le titre d'agrégé dans la Faculté de droit pût, à Paris du moins, servir à former la clientèle du jeune avocat. L'expérience prouve, au contraire, que les jeunes gens qui annoncent une vocation à l'enseignement, sont précisément ceux qui ont le plus de peine à se faire une clientèle.

Par ces considérations, la Faculté n'hésite pas à se prononcer contre l'institution d'un corps d'agrégés.

Il est dans la constitution du professorat un principe auquel nous craindrions, par-dessus tout, de voir porter atteinte, parce que sur lui repose essentiellement l'honneur de notre état, c'est le principe du concours.

Les critiques, plus ou moins désintéressées, dont cette institution a été l'objet, ne portent, quand on les réduit à leur juste valeur, que sur les dispositions réglementaires qui peuvent être susceptibles d'amélioration; quant à l'institution en elle-même, elle est à l'abri de toute attaque fondée.

Ce n'est point à l'époque actuelle qu'il est besoin de faire l'apologie du concours. Au moment où l'opinion semble réclamer cette institution pour des professions mêmes auxquelles on ne l'a jamais appliquée, comment concevoir qu'on put songer à dépouiller de cette garantie les professions auxquelles depuis longtemps elle sert de base?

Nous pensons donc que le concours doit être maintenu pour l'un comme pour l'autre degré de notre organisation, la suppléance et le professorat.

L'idée même de remettre au pouvoir le droit de transférer un titulaire nommé au concours, d'une Faculté dans une autre, présenterait de graves inconvénients. En offrant ainsi un appui à l'ambition de quelques-uns, on ouvrirait à la faveur une voie nouvelle. Et, sous prétexte d'encourager les professeurs, on détruirait effectivement la considération des Facultés de province qui sembleraient ne devoir plus posséder en propre un homme de mérite.

Notre conviction est que le principe du concours pour les places vacantes ne doit recevoir aucune atteinte.

Il est un dernier point sur lequel M. le Ministre a appelé notre attention, c'est *le cumul des fonctions de professeur avec celles d'avocat.*

Sur ce point nous regrettons sans doute que quelques faits aient donné lieu à des réclamations. Mais nous ne croirons jamais que la dignité du professorat puisse être compromise par l'exercice de la noble profession d'avocat. Eloigner les professeurs du barreau, ce serait leur imposer un sacrifice qu'ils n'ont point accepté en se dévouant à l'enseignement; ce serait rompre des liens de confraternité dont l'école et le barreau s'honorent également; ce serait priver les plaideurs des lumières de la science, priver l'étude théorique des lumières de la pratique, et sacrifier à une excessive susceptibilité les avantages réels de l'ordre de choses actuel. Le devoir de respect à la magistrature n'a certes rien d'inconciliable avec la dignité du professorat, et si pour la sanction de ce devoir la magistrature est armée d'un pouvoir nécessaire, l'exercice de ce pouvoir, si jamais il pouvait s'appliquer à un professeur, ne compromettra pas plus la dignité du professorat qu'il ne compromettrait l'honneur de la représentation nationale, si, comme cela est arrivé, un député s'en trouvait frappé.

VI.

FACULTÉ DE DROIT DE POITIERS.

L'an 1845, le lundi 14 avril, la Faculté s'est réunie, sous la présidence et sur la convocation de M. le doyen, à deux heures précises, dans le lieu ordinaire de ses séances.

Étaient présents MM. Foucart, doyen; Bécane, Fradin, Grellaud, Abel Pervinquière, Fey, Bourbeau, professeurs; Martial Pervinquière et Lepetit, professeurs suppléants; Darragon, secrétaire.

M. le doyen rappelle que le but de la convocation est d'entendre et de discuter les propositions de la commission nommée dans la séance du 5 avril. Il donne lecture d'une seconde lettre de M. le Ministre de l'instruction publique, en date du 8 avril, par laquelle la Faculté est invitée à délibérer sur la question de savoir s'il n'y a pas d'inconvénient à conserver le cumul des fonctions de professeur et d'avocat.

M. Lepetit fait au nom de la commission différentes propositions qui sont successivement discutées.

La délibération porte sur les points suivants :

1° Faut-il créer une Faculté spéciale destinée aux sciences administratives?

2° Y a-t-il lieu de créer au sein des Facultés des chaires nouvelles?

3° D'après quelles bases faudra-t-il dans l'avenir constituer le professorat? Le système actuel doit-il être conservé ou recevoir des modifications?

4° Y a-t-il des inconvénients à ce que les professeurs exercent comme avocats?

Sur la première question la Faculté a pensé que l'établissement d'une Faculté spéciale pour les sciences administratives n'était pas nécessaire, le droit public et administratif est aujourd'hui enseigné dans toutes les Facultés du royaume. Si l'on veut initier à la pratique administrative les jeunes hommes qui se destinent aux carrières publiques, on y arrivera facilement par le stage dans les ministères, par la création de professeurs attachés à ces ministères et chargés d'y diriger les études pratiques. D'ailleurs le droit administratif ne peut pas former une science à part, il n'est qu'une application des principes généraux du droit public et privé qui est l'objet essentiel de l'enseignement dans les Facultés de droit.

Aussi devrait-on, dans le cas où l'idée d'un institut séparé pour les sciences administratives serait admise, exiger de ceux qui s'y présenteraient des études préalables dans les Facultés de droit du royaume, études constatées par l'obtention des grades.

Sur la seconde question, la Faculté s'associe complétement à la pensée de M. le Ministre. Il y a longtemps déjà que, pour la première fois, la Faculté a demandé pour toutes les écoles de droit une organisation uniforme. Paris, qui possède tant d'éléments divers pour attirer la jeunesse, voit presque chaque année sa Faculté de droit s'enrichir de chaires nouvelles. C'est placer les autres Facultés du royaume dans une condition inférieure; la Faculté pense donc qu'il serait utile de créer des chaires *d'introduction à l'étude du droit, de droit criminel*, ainsi que des *cours spéciaux pour le doctorat*. Le zèle des professeurs remplit bien sans doute le vide causé par l'absence de chaires spéciales, mais on comprend aussi qu'ayant plusieurs cours à faire, les professeurs ne puissent, comme ils le voudraient, approfondir des matières si importantes.

Sur la troisième question, l'organisation du professorat, la Faculté s'est prononcée pour le maintien du système actuel; mettre en harmonie l'idée bonne en elle-même, de l'agrégation avec l'organisation présente, lui semble une œuvre difficile.

La Faculté, du reste, voudrait que M. le Ministre de l'instruction publique eût le droit d'appeler au sein des autres écoles les professeurs déjà en exercice qui aspireraient ou consentiraient à ce déplacement. Elle approuverait aussi que l'on consacrât le droit de permutation entre deux professeurs avec l'agrément de M. le Ministre.

Sur la quatrième question. La Faculté compte dans son sein plusieurs membres qui exercent la profession d'avocat, et qui l'exerçaient avant leur admission dans le professorat. Il est vrai de dire qu'ils sont même les membres les plus considérables du barreau qui s'est toujours fait un honneur de les placer à sa tête : dans ce moment encore l'un des professeurs est bâtonnier; d'autres, chaque année, depuis près de quarante ans, sont successivement entrés dans le conseil de l'ordre.

Les rapports avec la magistrature sont ce qu'ils doivent être, se résumant en un échange continu de respect d'une part et de considération de l'autre.

Jusqu'ici la dignité du professorat a été sauve, et rien ne fait craindre qu'elle soit plus compromise dans l'avenir qu'elle ne l'a été dans le passé.

Y a-t-il profit pour l'enseignement dans le concours de la pratique des affaires et des travaux théoriques de l'école? On est autorisé à le penser. Cette opinion, fondée sur l'expérience, a été récemment manifestée par le savant illustre auquel est dévolue la présidence de la commission des hautes études du droit.

Dans un discours qu'il a prononcé le 18 avril 1843 à la première séance du concours ouvert à Aix, M. Rossi, faisant allusion aux mérites de M. Bernard dont la chaire allait être disputée, s'exprimait ainsi :

« La Faculté, le barreau, les corps délibérants s'honoraient de son concours, et « profitaient de ses lumières. C'est plus qu'un éloge pour lui; c'est un enseignement « pour nous. Je le dis avec une profonde conviction, le jour où l'on verrait une sorte de « schisme se déclarer entre l'école et le palais, entre la science et les faits, entre le « droit et la jurisprudence, ce jour, la théorie deviendrait chimérique et la pra- « tique aveugle. »

Si des faits graves, comme le porte la lettre de M. le Ministre, en date du 8 de ce mois, ont pu révéler quelque inconvénient, l'autorité universitaire a certainement juridiction sur ceux qui n'ont pas pris assez de soin de la dignité du professorat.

Mais, une mesure générale qui supprimerait l'usage d'un droit jusqu'à présent incontesté, à cause de l'abus que quelqu'un en aurait fait, aurait des conséquences regrettables.

C'est peut-être pousser trop loin le scrupule de la légalité que de mettre en question le pouvoir de l'Université *de changer l'état des choses* sans l'intervention de la loi, aussi la Faculté ne peut-elle mieux faire que de recommander ce point à la sagesse éclairée de M. le Ministre et de la commission des hautes études du droit.

En 1804, lors de l'organisation des écoles de droit, le personnel en fut recruté dans le barreau militant. C'est du moins ce qui s'est fait à Poitiers. On était bien loin de l'idée d'incompatibilité entre l'exercice de la plaidoirie et l'enseignement officiel. Depuis cette époque la reconnaissance et le maintien de cet avantage ont été pour des jurisconsultes distingués un encouragement à entrer dans les Facultés, ils ont tenté les chances du concours qui leur a donné l'accès des chaires, on ne leur a pas préalablement fait la condition d'opter, et ils ont eu foi dans la stabilité du droit de continuer à plaider.

Quelque éminente que soit la position du professeur, un traitement flottant, et décroissant depuis quelques années par des causes indépendantes du zèle et du mérite des personnes chargées de l'enseignement, offrira-t-il une compensation suffisante des profits d'une clientèle honorable?

C'est surtout au point de vue des ressources de la province, ou des départements autres que celui de la Seine, que l'idée d'un changement doit être envisagée.

Si la fréquentation du barreau était interdite aux professeurs (quand après tout ils consacrent à leurs fonctions le temps et les soins qu'elles réclament), il n'y aurait plus rien sur quoi leur activité pût se porter avec fruit pour eux et leurs familles.

A Paris on peut cumuler les fonctions. On est en même temps professeur et conseiller d'État, professeur et membre du Conseil royal, professeur et membre de l'Institut, professeur à la Faculté de droit et au Collége de France, etc., etc.

Il est évident que ce cumul auquel, avec juste raison, on ne trouve rien à redire, est dans les départements chose interdite, impossible à tous.

Il y a enfin une considération à présenter en faveur du maintien du *statu quo*, elle n'est pas neuve, mais elle est vraie.

Il n'y a pas dans le professorat de chance ni de possibilité d'avancement, d'espoir de distinction et d'influence; à un modeste traitement ne se joint aucune aptitude politique pour conférer ou recevoir le mandat législatif. Dans d'autres carrières, on peut arriver à la fortune, qui est devenue une condition de l'exercice des principaux droits civiques. Pourquoi, lorsqu'il n'y a pas de compensation à leur offrir, enlever aux professeurs l'importance qu'ils tirent d'une profession tenue dans tous les temps en si haute estime, et le revenu supplémentaire, le plus souvent indispensable, que son exercice leur procure?

Les Facultés de médecine, les écoles secondaires de médecine sont composées d'hommes qui *pratiquent* et *enseignent*. La science et l'humanité y trouvent leur compte.

N'y a-t-il pas au moins des raisons analogues pour que ceux qui occupent des chaires dans les Facultés de droit aient la liberté de pratiquer?

En résumé, par la nature des choses, par les exigences du service, il n'y a pas dans les départements incompatibilité entre l'école et le barreau; il n'y a donc pas d'inconvénients à ce que les choses restent ce qu'elles sont.

Les membres du corps enseignant sont assez pénétrés du sentiment de leur devoir et de leur dignité pour ne jamais user de cet avantage que d'une manière et dans une mesure convenable.

En dehors des questions soumises à ses délibérations, la Faculté renouvelle le vœu de voir disparaître des lois et règlements universitaires le certificat de capacité, le grade de licencié en droit lui paraît indispensable pour remplir d'une manière sûre et digne les fonctions de notaire et d'avoué. Quoi qu'en aient dit certains orateurs à la chambre des députés, et certains publicistes dans les journaux et revues, on n'arrive à obtenir les grades dans les écoles qu'après des études, sinon profondes, du moins assez larges pour fortifier l'esprit et le jugement.

La Faculté pense aussi que la magistrature ne saurait présenter trop de garantie, et que le grade de docteur en droit devrait être exigé de tout aspirant aux fonctions de magistrat.

Fait et délibéré à Poitiers, les jour, mois et an que dessus.

(*Suivent les signatures.*)

VII.

FACULTÉ DE DROIT DE RENNES.

L'an 1845, les 6 et 13 avril, la Faculté de droit de Rennes s'est réunie dans le lieu ordinaire de ses séances pour délibérer sur divers objets. M. le doyen lui a donné connaissance 1° d'une lettre de M. le ministre de l'instruction publique, en date du 29 mars, invitant la Faculté à émettre son avis sur les questions qu'indique le rapport au Roi du 20 février dernier; 2° d'une autre lettre de M. le ministre, du 8 avril, concernant le cumul des fonctions de professeur avec celles d'avocat; 3° de deux lettres reçues de MM. les doyens de Caen et de Grenoble.

Après mûr examen, la Faculté a déclaré adopter les résolutions suivantes :

1° Depuis longtemps, la nécessité de dédoubler la chaire de procédure civile et de législation criminelle est démontrée par l'expérience. L'année scolaire suffit à peine au professeur pour qu'il puisse exposer convenablement les principes de compétence et de procédure civiles dont l'enseignement forme une branche essentielle des études juridiques.

Cependant la connaissance des lois pénales n'est pas moins nécessaire à l'étudiant. Tant qu'un cours complémentaire fait spontanément n'y a pas apporté remède, en offrant des notions élémentaires sur cette partie de la législation, les licenciés sont sortis de l'école sans une préparation assez étendue pour aider suffisamment leurs débuts devant les tribunaux. Aussi, plusieurs fois, des présidents d'assises ont-ils exprimé le vif regret que des mesures efficaces n'eussent pas encore été prises pour faire disparaître une lacune si fâcheuse dans l'enseignement du droit.

Le dédoublement projeté par M. le ministre ne saurait donc manquer d'être accueilli comme une des améliorations les plus utiles, et nul n'aurait à s'en plaindre, du moment où les titulaires auraient le droit d'opter.

Mais cette amélioration n'est pas la seule à espérer : on sent de plus en plus le besoin d'étendre à quatre années les études pour la licence en droit. Aussitôt deviendrait indispensable la création d'une quatrième chaire de droit civil français. L'enseignement des Institutes devrait alors, pour répondre dignement à sa haute importance, durer deux ans; deux professeurs distincts en seraient donc chargés, afin qu'il pût recommencer chaque année. Enfin la Faculté de Rennes demanderait, comme le complément le plus convenable à ses yeux, une chaire d'histoire du droit;

2° L'institution du concours, consacrée par la loi fondamentale du 22 ventôse an XII, forme l'une de ces garanties précieuses auxquelles tiendront toujours les Facultés de droit, et toujours aussi elles s'efforceront de conserver la juste prérogative que leur confère cette loi d'être juges de la lutte, sauf les adjonctions que pourrait exiger la composition du jury appelé à prononcer.

C'est assez dire qu'on ne saurait admettre la nomination d'agrégés élus d'une autre manière. La Faculté de Rennes désire en conséquence que les écoles de droit continuent de se composer de professeurs titulaires et de suppléants, mais elle voudrait que le nombre de ces derniers fût porté à la moitié de celui des professeurs en titre. Dans son opinion, un concours sévère doit précéder l'admission des suppléants. Une fois nommés ainsi, ceux de toutes les Facultés de droit seraient seuls admis à concourir entre eux pour le professorat;

3° Puisque la Faculté est invitée par M. le ministre à s'expliquer sur toutes autres questions analogues à celles que pose le rapport, elle saisit cette occasion de réclamer contre la disposition nouvelle du règlement sur les concours, qui oblige le jury à éliminer une portion des candidats après quelques épreuves préparatoires : on ne saurait concevoir rien de plus pénible que cette mesure, dépourvue d'utilité en province.

4° Le rapport au Roi, du 20 février, semble ne proposer d'extension, dans l'enseignement des sciences politiques et administratives, qu'en faveur de Paris. Ne conviendrait-il pas de doter également les autres Facultés d'une chaire, au moins, de ce genre? Déjà, l'étendue des connaissances qu'on peut acquérir dans la capitale ne devient que trop souvent, pour les élèves, un prétexte d'y affluer, sans que le plus grand nombre songe réellement à en tirer profit.

Dans tous les cas, cet enseignement semblerait naturellement devoir être, à Paris comme ailleurs, une dépendance des écoles de droit;

5° A plus forte raison, y a-t-il lieu d'insister, aussi énergiquement que possible, auprès de M. le ministre, pour qu'il veuille bien écarter la pensée d'enlever aux Facultés de province leurs membres les plus distingués, dans le but d'en gratifier le centre du royaume.

En principe, toutes les écoles de droit de France sont placées par la loi sur la même ligne. Partout les conditions du concours sont également rigoureuses. Toutes aussi, ces Facultés, sauf les différences dans le traitement, sont appelées à jouir de prérogatives pareilles.

Cependant, dès que la Faculté de Paris, déjà si remarquable, viendrait à être recrutée au moyen de tout ce que le pays possède d'éminent, il est hors de doute que sa valeur morale s'accroîtrait encore davantage, en même temps que les autres Facultés de droit seraient amoindries d'autant. Bientôt alors, le doctorat, qui réunit par exemple des aspirants très-nombreux, à la Faculté de Rennes (1), n'offrirait plus les mêmes avantages en province que dans la capitale. On verrait affecter des distinctions analogues à celles qu'invoquent les docteurs en médecine, et dans le fait, les Facultés des départements ne seraient plus que des écoles préparatoires!

La force des études n'en souffrirait pas moins; car deux années d'un travail assidu sont nécessaires à ceux qui aspirent au doctorat, et beaucoup d'entre eux se verraient dans l'impossibilité de suffire aux dépenses résultant d'un séjour aussi prolongé à Paris.

Ce n'est pas tout : pourquoi ce privilége en faveur des matières *spéciales,* tandis qu'un professeur non moins distingué, se trouverait privé des mêmes avantages, parce qu'il occuperait l'une des autres chaires, telles que celles de droit romain, de droit civil français, de procédure, etc. ?

Et cependant, si la justice exigeait évidemment que le mérite pût obtenir de semblables faveurs, sans distinction du genre d'enseignement, les Facultés de droit, autres que celles de Paris, ne se verraient-elles pas réduites à une condition plus désastreuse encore?...... Presque uniquement composées (à part les professeurs venus y faire un stage de quelques années) de membres déçus dans l'espoir d'un avancement pareil, et d'autres qui ne tenteraient même pas d'y arriver, elles sentiraient un découragement profond succéder à la vive émulation dont l'inspection générale a, chaque fois, reconnu les preuves. On ferait tout juste son devoir et rien de plus; de là à la décadence, il n'y aurait qu'un court intervalle!

Les cours de droit sont d'une incontestable utilité; mais c'est surtout en méditant les bons livres que la jeunesse parvient à de fortes études. Il ne s'agit plus ici de maladies à observer, d'opérations ou d'expériences à faire, pour lesquelles Paris est, par excellence, un lieu d'étude et de méditation. Partout les fragments des grands jurisconsultes de Rome, de même que les écrits de Cujas, Merlin, Toullier, Proudhon, et de tant d'autres écrivains célèbres peuvent être dans toutes les mains.

Telle était, on n'en saurait douter, la pensée fondamentale d'après laquelle les Facultés de droit furent, en l'an XII, reconstituées dans toute la France. Cette constitution, la Faculté de Rennes la croit fermement la plus équitable et la meilleure. Moins que jamais, il faut l'espérer, on ne voudra porter une aussi mortelle atteinte à sa prospérité, et à celle des sept autres Facultés dont l'intérêt est ici le

(1) Plus de *cinquante* passent des examens, ou s'y préparent sérieusement.

même, lorsque le nombre des étudiants diminue, chaque année, par des causes qui n'accusent en rien le zèle des professeurs.

Il est donc, en quelque sorte, superflu d'ajouter que celui qui a été nommé dans une Faculté de droit savait d'avance que là devaient se concentrer toutes ses vues d'avenir, tant qu'il ne consentirait pas à courir les chances d'un concours, ou ne serait pas appelé à occuper ailleurs une chaire nouvelle, et que cette inamovibilité est devenue, à l'égard de tous, *un droit acquis*, nécessaire non-seulement pour mieux garantir l'indépendance du professeur, mais aussi afin d'entourer d'un calme d'esprit plus complet les travaux auxquels il a consacré sa vie.

6° La Faculté de droit de Rennes est fort désintéressée en ce qui touche l'exercice simultané des fonctions de professeur et de celles d'avocat, car deux de ses membres seulement, l'un professeur titulaire, l'autre suppléant, fréquentent le barreau. Plusieurs ont même renoncé à la consultation.

Elle pense que cette question se divise, et ne concevrait pas qu'on voulût retirer la plaidoirie aux simples *suppléants*. Pour eux, le barreau devient une préparation éminemment utile, car l'enseignement laisserait presque toujours beaucoup à désirer, s'il n'était pas éclairé par la pratique des affaires. De plus, les moments libres des suppléants sont assez nombreux, et leur traitement trop restreint pour qu'on ne leur permette pas cette espèce de cumul, formellement admise en faveur des juges suppléants.

Quant aux professeurs titulaires eux-mêmes, ce ne serait pas sans de graves inconvénients que le barreau viendrait à être entièrement fermé pour eux (mesure qui, dans l'opinion de la Faculté, exigerait l'intervention du pouvoir législatif, puisqu'il s'agirait de *créer* une *incompatibilité*) : des consultations, des mémoires peuvent quelquefois compromettre la dignité de celui qui les a signés, non moins que celle de l'avocat plaidant; enlèverait-on aussi aux parties la possibilité de prendre pour conseils les jurisconsultes qui, en général, s'occupent le plus de méditer la loi?

On doit croire que le professeur en droit écoutera suffisamment le sentiment de sa propre dignité, pour ne pas entacher celle du corps auquel il appartient, et que, fidèle à son serment, il subordonnera toujours ses travaux, comme avocat, aux devoirs que lui impose l'enseignement qui lui est confié. Cette espérance dût-elle même être déçue quelquefois, les conséquences en seraient moins fâcheuses, dans l'intérêt général, que celles résultant d'une prohibition absolue.

Il arrive fréquemment, d'ailleurs, que des suppléants occupent en même temps une place distinguée au barreau. Or, la plupart renonceraient à concourir pour une chaire, et priveraient ainsi de leur talent les écoles de droit, s'il n'était plus possible d'y prétendre qu'en abdiquant une autre position à la fois brillante et lucrative.

7° Un dernier point reste à examiner : il est toujours pénible d'agiter, dans son intérêt personnel, une question d'argent. Néanmoins on ne saurait blâmer le professeur auquel de laborieuses veilles ne réservent que trop d'infirmités, de se demander ce que deviendra son sort et celui de sa famille, quand elles l'obligeront à la retraite.

Pécuniairement, la situation de la Faculté de droit de Rennes sera peu changée, en supposant que M. le Ministre admette les demandes formées par les Facultés de Caen et de Grenoble; mais elle n'en adhère pas moins à ces réclamations. Le chiffre indiqué, de 6,000 francs, paraît équitable, du moment où chacun comprend qu'il ne peut concerner Paris, ni même Toulouse, et, en rendant *définitif*, sans distinction, le traitement des Facultés, on ne ferait que reconnaître qu'il serait peu juste de faire peser sur elles les variations qui se montrent dans le nombre des élèves par suite de causes auxquelles ne sauraient remédier ni le talent, ni le zèle.

Arrêté à Rennes les jours et an que devant.

(*Suivent les signatures.*)

VIII.

FACULTÉ DE DROIT DE STRASBOURG.

Séance du 8 mai 1845.

Présents : MM. Rauter, doyen ; Blœchel, Hepp, Heimburger, Thieriet, Aubry, Rau, professeurs, et Pothier, secrétaire.

Après avoir entendu le rapport de M. le professeur Hepp, dans la séance de la Faculté du 17 avril dernier, sur la demande que M. le ministre de l'intruction publique a faite par ses lettres des 29 mars et 8 avril derniers, de l'avis de la Faculté sur les diverses questions indiquées dans le rapport de Son Excellence au roi, relativement aux améliorations à introduire dans l'enseignement du droit ; et après avoir entendu M. le doyen dans son résumé des résolutions prises par la Faculté dans ses séances des 21, 22, 26 et 28 avril.

La Faculté a l'honneur de présenter à M. le ministre, Grand-Maître, le résultat de ses délibérations ainsi qu'il suit :

Quoique Son Excellence ait en même temps invité la Faculté à s'expliquer sur toutes les questions de même ordre et de la même nature qu'il lui paraîtrait opportun de soumettre aux méditations de la commission des hautes études et à celles du Grand-Maître et du conseil royal, la Faculté ne s'est guère occupée que des questions mêmes posées dans le rapport au roi, ne pensant pas que d'autres questions, quoique liées intimement à celles en discussion, telles, par exemple, que celles de la convenance de l'unité de l'administration académique, comprenant sous un même rectorat les trois degrés de l'enseignement, les fonctions et les emplois exigeant les divers grades, l'internat des élèves, dussent en ce moment l'occuper.

Le cadre proposé est d'ailleurs assez vaste et riche pour exiger toute l'attention de ceux dont l'avis est demandé.

Qu'une autre observation soit permise à la Faculté : quoique plusieurs des propositions par elle soumises à l'autorité supérieure ne soient pas tellement liées entre elles, qu'elles ne puissent être détachées l'une de l'autre, et recevoir une solution propre, néanmoins en totalité elles sont conçues dans un esprit d'ensemble qui suppose jusqu'à un certain point, l'adoption des principales comme condition réciproque. Ainsi, par exemple, la candidature légale de tous les professeurs titulaires suppose la candidature privilégiée des agrégés de la Faculté dans laquelle est arrivée la vacance, la restriction de l'exercice de la plaidoirie suppose l'augmentation du traitement fixe.

La Faculté n'ayant pas pensé devoir présenter un plan d'organisation tout entier, elle a procédé dans l'idée d'une amélioration à apporter à l'état des choses actuellement subsistant, et, en conséquence, elle a adopté, pour base de son travail, l'organisation actuelle; en conséquence, les lois et règlements actuels doivent être considérés comme rentrant dans son plan, comme étant maintenus dans leurs principes généraux, toutes les fois que les propositions qu'elle fait ne les contredisent ni dans leur texte, ni dans leur esprit.

Par une conséquence naturelle de cette manière d'envisager sa tâche, la Faculté a, pour répondre aux questions contenues dans le rapport au Roi, adopté l'ordre dans lequel ce rapport pose ces questions.

Les deux premières d'entre elles n'ont pas paru à la Faculté de nature à devoir l'occuper, se rapportant intimement à des faits particuliers. Si l'on fait abstraction de ces mêmes circonstances, la réponse négative aux deux questions résulte des réponses qui suivent, données sur les questions d'une nature générale.

1° Y a t-il lieu de dédoubler les chaires de droit criminel et de procédure civile? Quoique le reproche fait aux Facultés, sous le rapport de l'enseignement du droit criminel, ne puisse toucher la Faculté de Strasbourg, parce que le professeur de la chaire de procédure civile et de législation criminelle a constamment, depuis sa nomination (en 1825), expliqué, chaque année, en cinq leçons par semaine, et le Code de procédure civile et le Code pénal et le Code d'instruction criminelle, et que la quintessence de ces cinq leçons soit imprimée pour tenir lieu de dictée, dans trois volumes servant de base à l'enseignement oral; cependant, outre la charge comparativement plus grande qu'un tel état de choses donne à ce professeur, il est des motifs graves pour désirer le dédoublement dont il s'agit. Sans parler de ce qu'il y a de peu scientifique, pour ne pas dire plus, dans le titre d'une chaire appelée par la loi de ventôse an XII « chaire de procédure civile et de législation criminelle, » il est évident que la procédure civile, si elle doit être réellement approfondie, exige à elle seule un cours annuel. Le Code de procédure n'est pas le seul texte sur lequel ce cours doive rouler; comme il ne s'occupe pas des principes relatifs au pouvoir judiciaire, à son organisation, aux règles relatives à son action (ces objets étant la matière des trois lois organiques de 1790, de l'an VIII et de 1810), il est évident qu'outre les préliminaires ayant pour objet d'indiquer la nature générale du droit de procédure, son histoire succincte en France et sa bibliographie, il faut une introduction, ou premier livre, exposant la théorie générale de la juridiction civile, dont le principe est déposé dans la Charte sous ces mots : *Toute justice émane du Roi*, adage historique dont les révolutions politiques du pays ont singulièrement modifié le sens primitif. Cette introduction donnera aussi le tableau de l'ordre judiciaire en France, des différents tribunaux ordinaires et exceptionnels et de leur compétence; il donnera les principes généraux et les règles fondamentales de l'action de la justice, telles que celles relatives à la saisine judiciaire, à l'office supplétoire du juge. De même que cette introduction, dans cette première partie, relie la procédure civile au droit public, de même une théorie générale des actions en justice la relierait au droit privé. Cette théorie terminerait le premier tiers du cours, premier tiers qui est bien de nature à remplir le premier trimestre de l'année scolaire. Les deux suivants ne sont pas de trop pour expliquer la procédure civile même, dans sa théorie générale et dans ses détails, éclaircis par des exemples pris dans les arrêts, surtout si l'on y joint les procédures spéciales tracées par des lois particulières, dérogeant au Code de procédure, ou se trouvant dans des titres séparés de ce Code, tels que celui de l'*ordre*. Le quatrième trimestre (chaque trimestre n'étant que de deux mois et demi) ou la dernière moitié du quatrième trimestre serait consacrée à des exercices pratiques de procédure, à moins qu'on ne veuille faire de ces exercices le sujet de la troisième leçon de chaque semaine, à commencer par le second trimestre : en ce cas la théorie de la procédure se continuerait jusqu'à la fin de l'année. Ces exercices (appelés *practicum* en Allemagne) éclairent la théorie et attachent vivement les étudiants à la jurisprudence.

On en a souvent fait la remarque : les élèves en médecine s'attachent plutôt et avec plus de vivacité à leurs études que les élèves en droit; c'est que les études médicales ne parlent pas seulement à la raison, elles parlent aussi aux sens. Elles intéressent aussi la vie. L'anatomie et la clinique sont bien faites pour produire ces effets. Aussi voit-on les élèves en médecine, dans leurs repas, dans leurs promenades s'entretenir d'objets de leurs études; les élèves en droit sont loin de porter cet intérêt aux leurs; c'est qu'elles leurs paraissent arides. Et cependant la jurisprudence, comme la médecine, est autant un art qu'une science. Elle consiste à *faire* autant qu'à *raisonner*. A défaut de pouvoir organiser une clinique judiciaire (on demande pardon pour le terme), clinique qui consisterait à faire suivre aux élèves les audiences des tribunaux, sous la direction du professeur, on pourrait approcher du but signalé plus haut par les exercices pratiques dont on vient de parler. Ils consisteraient à faire plaider par les élèves, sous la direction du professeur, des causes fictives ou anciennement jugées, à les faire consulter sur des cas de contestations réelles, à leur faire dresser des rapports, des jugements motivés.

Si le cours de procédure civile ainsi donné n'a pas trop de toute une année académique, le cours de droit criminel exige pour la même raison un temps égal. Le droit criminel se compose de deux matières, représentées chacune par un code spécial : le droit pénal, l'instruction criminelle. Le premier vis-à-vis le second répond à ce qu'est le Code civil relativement à la procédure civile. Il présente le fond du droit criminel; l'instruction criminelle représente à la fois, le droit judiciaire criminel et la procédure criminelle. Il est évident qu'une chaire particulière pour l'enseignement de ces deux parties n'est nullement une exubérance d'organisation comme le ferait croire le titre de la chaire de procédure, tel qu'il est écrit dans la loi de l'an XII, cotée ci-dessus. A cette époque, au sortir de la révolution, on se faisait une idée assez pauvre de la science du droit, témoin le cadre même dans lequel cette loi renferma l'enseignement des écoles qu'elle créait. D'un autre côté, le terme de législation criminelle employé par cette loi indique aussi le peu de clarté dans les idées relatives à la matière, car il indiquait pour le moins autant la science politique criminelle, ou la philosophie du droit criminel ou le droit naturel criminel que le droit criminel positif, ce qui jurait assez avec la règle établie par l'assemblée constituante que les peines n'étaient point arbitraires et que le juge ne pourrait déclarer délits que les actions définies spécialement comme telles par la loi, ni appliquer des peines qu'aux délits ainsi définis, ni appliquer d'autres peines que celles indiquées par la loi, indication portant même sur le taux des peines temporaires et des peines pécuniaires.

Depuis, le progrès de la culture de la science du droit criminel naturel ou philosophique, l'introduction des excuses légales en 1810, et celle de circonstances atténuantes en 1832, ont provoqué un changement dans la méthode de l'enseignement du droit pénal positif; une théorie générale de ce droit est devenue possible et nécessaire; les principes fondamentaux de notre droit, des délits et des peines, ont dû être recherchés, posés, constatés. La procédure criminelle, plus intimement liée encore au pouvoir judiciaire criminel que la procédure civile ne l'est au pouvoir judiciaire civil, a dû être l'objet d'un travail analogue, et voilà comme il est arrivé que l'année académique suffit à peine à cet enseignement, si le premier trimestre, après une introduction philosophique, est employé à l'exposition du droit pénal, et le second à celui de l'instruction criminelle. En tout cas, elle sera plus que remplie, si l'exposition des Codes criminels spéciaux, tels que le Code militaire et le Code maritime y sont joints comme annexes.

2° Le droit administratif doit-il recevoir l'appui de quelques autres branches du même ordre de connaissances et d'études, et comment établir ou organiser cet appui? *Quid*, de l'idée d'une Faculté nouvelle des sciences administratives et politiques? Il serait important, sans aucun doute, de faire fructifier davantage l'enseignement du droit administratif, en mettant avec lui en contact les sciences politiques et administratives, qui à leur tour recevraient de lui d'indispensables secours. Il est vrai que le but des sciences politiques et administratives est différent du droit administratif; cette différence est analogue à celle que le code de brumaire an IV avait établie ou plutôt indiquée entre la police administrative et la police judiciaire; c'est la même différence que celle qui existe entre le droit criminel positif et la science politique criminelle; la même que celle qui se trouve entre la politique et le droit public. Le droit positif suppose des règles arrêtées d'en haut par une autorité législative *patente* ou *latente* (qu'on pardonne l'expression); *patente*, tels qu'un parlement ou une législature, le pouvoir royal absolu, un sénat; *latente*, tels que l'usage, la coutume vivant dans le peuple. L'esprit de ces règles, c'est de donner une norme pour l'appréciation de cas spéciaux se présentant dans la vie sociale. Cette appréciation prenant le plus souvent la forme d'un jugement entre des parties en désaccord ne se propose pas le but général; son but est de terminer le désaccord, de déclarer authentiquement tel fait; même le droit des gens, si peu qu'il semble reposer sur des règles positives, suppose cependant de telles règles, et voilà pourquoi il appartient à la science du droit proprement dite, pendant que la politique, la diplomatie appartiennent aux sciences politiques et administratives. Celles-ci se proposent un but général, un intérêt éventuel, le développement général ou partiel des forces sociales dans un but spécial; elles recherchent et pèsent des règles de prudence propres à atteindre ce but à travers les mille difficultés qui peuvent entraver la marche de la société; qu'on songe à la science financière, à la police sanitaire, à celle relative à l'approvisionnement des grandes villes, à la confection des routes, des canaux, au desséchement des marais, à l'établissement de la meilleure défense du pays.

Nous laissons de côté les institutions destinées au développement des forces morales et intellectuelles telles que l'éducation et l'instruction politique, qui, quoique se rattachant à la matière, comme toutes les choses humaines, s'occupent cependant principalement d'éléments non matériels.

Il est évident que l'enseignement des sciences politiques et administratives pourrait être l'objet des leçons d'une Faculté spéciale, la richesse de la matière occuperait plusieurs professeurs; mais, d'un autre côté, la connexion intime entre ces sciences et le droit ne peut échapper à personne. Ce dernier est même l'un des points de départ de celles-là; aussi personne ne s'étonne de voir l'Institut des sciences morales et politiques comprendre le droit parmi les objets de ses travaux. Lorsque, d'un autre côté, on songe que le jeune légiste ne peut guère arriver au licenciat qu'à vingt-un ans (surtout si l'on rendait obligatoire pour l'admissibilité aux études du droit, une année de fréquentation de la Faculté des lettres ou de celle des sciences), on sent la nécessité de cumuler dans la même année d'études la fréquentation de certains cours des sciences morales et politiques, avec celle de certains cours de droit; ces raisons et plusieurs raisons secondaires qu'il est inutile d'indiquer portent la Faculté à adopter l'idée de la réunion des chaires des sciences politiques et morales à celles de la Faculté de droit, sous le titre de : *Section des sciences politiques et administratives;* ce titre séparé, outre qu'il indique la différence de l'objet des travaux de cette section d'avec ceux de la Faculté de droit, rend plus facile la réalisation de l'idée de grades de bachelier, de licencié et de docteur en sciences politiques et administratives proposée par le rapport au roi et que la Faculté adopte avec conviction.

La préférence que la Faculté donne à la création d'une section annexe des sciences politiques et administratives fait assez voir que non-seulement elle n'adopte pas l'idée d'une création à Paris d'une seule Faculté de ces sciences, mais encore qu'elle désire que la section dont il s'agit soit introduite dans chacune des Facultés de droit existantes. Ce désir n'est que la suite d'un autre désir qu'elle croit des plus fondés, c'est celui d'une uniformité complète dans la constitution et l'organisation de toutes les Facultés de droit. Constituer ces diverses Facultés plus ou moins complétement, c'est établir une disparate donnant lieu aux plus choquantes conséquences pour les professeurs et pour les élèves, et aux inégalités de position les plus injustes, soit qu'on adopte, soit qu'on rejette l'idée de la territorialité des attributions ou du ressort des Facultés.

En partant donc du principe de l'égale constitution de toutes les Facultés, voici comment nous pensons qu'elles devraient être organisées dans le double but des chaires ou exercices, et de la fréquentation successive des leçons pour l'obtention des grades.

1° Les cours de droit des gens et le cours de droit français constitutionnel seraient à établir partout; ces cours seraient de la seconde ou de la troisième année;

2° Il en serait de même du cours des Pandectes; ce cours serait de la quatrième année.

Les motifs de ces propositions, quant à l'année assignée pour la fréquentation obligée du cours, sont : que le droit constitutionnel et le droit des gens paraissent indispensables pour les fonctions et professions auxquelles doit rendre aptes le grade de licencié. N'est-il pas en effet bizarre que, sous une constitution représentative, un juge, un procureur du roi, un avocat, naturellement et fréquemment appelés à s'occuper de questions de droit constitutionnel, puissent se dire légalement dispensés de connaître ce droit? La même remarque s'applique au droit des gens. Les communications réciproques entre les peuples, devenus plus fréquentes par le commerce, par l'industrie, l'augmentation des consulats, l'abolition en France du droit d'aubaine, multiplient tellement les relations du droit public extérieur, même entre les particuliers, le droit des gens est d'ailleurs si intimement lié avec le droit international privé, que le juge, l'avocat, l'administrateur ne peuvent ne pas le connaître.

Par les motifs que nous venons de dire, du moins pour la plupart d'entre eux, nous désirons la création d'une chaire de droit international privé, dont l'abolition absolue du droit d'aubaine, entre autres, fait aussi de plus en plus sentir la nécessité.

L'étude de quatrième année ou de doctorat, étant ainsi déchargée d'une partie de sa tâche, il est convenable de la compléter par d'autres leçons.

Un cours de Pandectes ou droit romain approfondi, remplirait cette condition. Le doctorat est proprement le grade du jurisconsulte savant, le licenciat est celui du jurisconsulte pratique, élevé d'une manière scientifique. Si les Institutes enseignées dans la première année suffisent à ce but quant au droit romain, il est notoire qu'elles ne suffisent pas et ne sont pas destinées à suffire, pour former le savant qui se destine au professorat. Un cours de Pandectes, c'est-à-dire un cours de droit romain approfondi, s'occupant, après une introduction générale succincte et profonde, de telle matière spéciale des Pandectes, sans égard à son rapport plus ou moins éloigné avec le droit français, mais sous le point de vue unique de la science, remplirait le but dont il s'agit.

Un cours d'histoire approfondie du droit français, qui, pendant le premier semestre s'occuperait nécessairement et exclusivement du droit coutumier, remplirait l'étude pour le docteur en droit. Par là aussi, la Faculté le croit, il serait suffisamment pourvu au besoin de l'enseignement du droit coutumier.

De l'adoption de ces propositions résulterait la suppression du troisième examen pour la licence, ayant pour objet le seul droit romain ; l'examen sur les Institutes ferait toujours partie du premier examen pour le baccalauréat. Il serait entendu que les Institutes seraient complétement expliquées.

La Faculté place ici l'observation que le règlement du 22 septembre 1843, marquant les matières sur lesquelles doivent rouler les examens, devrait être retiré comme inconciliable avec les changements proposés.

A ces changements et toujours en partant de l'organisation actuelle comme base, la Faculté propose d'ajouter la création d'une chaire d'introduction générale à l'étude du droit. Le cours de cette chaire se composerait de deux cours successifs semestriels ; le premier aurait pour objet l'encyclopédie du droit proprement dite, c'est-à-dire les généralités de tout le droit public et privé et la méthodologie ; le professeur donnerait dans le second, un aperçu de l'ensemble du Code civil. Les trois professeurs de Code civil donneraient leurs cours comme par le passé ; cependant les matières enseignées par le professeur de première année, ne feraient partie que du dernier examen de baccalauréat.

La nécessité d'un cours d'introduction générale à l'étude du droit n'a pas besoin d'être établie. A Paris, il y a été satisfait par la création d'une chaire spéciale ; dans quelques Facultés, elle fait l'objet d'un cours bénévole donné par un suppléant pendant le semestre d'hiver. Ce cours, établi partout, pourrait comprendre aussi le droit naturel ou bien la philosophie du droit, ou l'un ou l'autre alternativement; cet enseignement lierait, d'une manière convenable et naturelle, l'étude du droit à celle des lettres qui suppose le grade de bachelier ès lettres.

Les cours de deuxième année, outre le deuxième cours de Code civil, seraient les suivants : le cours de procédure civile avec les exercices pratiques, le droit pénal, l'instruction criminelle (le droit romain ne serait plus enseigné dans cette année), le droit des gens suivi de l'histoire des traités, et y compris le droit public maritime.

Les cours de troisième année seraient les suivants : le cours de Code civil, le cours de droit commercial contenu au Code de commerce, y compris le livre II, intitulé du *commerce maritime.* Cette dernière partie a été jusqu'à présent négligée dans la plupart des Facultés de l'intérieur, et enseignée seulement dans celles voisines de la mer; comme beaucoup de jeunes gens de l'intérieur vont se placer dans les maisons de commerce maritime, ou cherchent de l'emploi dans les consulats, et comme d'un autre côté aussi, des questions de droit de commerce extérieur peuvent être agitées devant les tribunaux commerciaux de l'intérieur, il est important de leur ouvrir, dans toutes les Facultés, l'enseignement du droit relatif au commerce maritime, qui, d'ailleurs, en plusieurs parties, par exemple dans celle des assurances, est une source d'analogies pour le droit civil et pour le droit administratif. Ce dernier, avec le droit constitutionnel, entre aussi dans les cours de cette troisième année. Enfin, le droit international privé serait aussi enseigné dans cette troisième année.

La quatrième année étant destinée spécialement à former des savants en droit, ou plutôt à donner les indications pour le devenir, offrira les cours ci-dessus spécifiés des Pandectes, et de l'histoire du droit français, ce dernier présentant, dans le premier trimestre, l'histoire du droit coutumier, et dans le second, l'histoire du droit romain, tel qu'il fut modifié par la jurisprudence des parlements et du conseil du roi, et enfin l'histoire des ordonnances des rois.

Pour remplir le but que doit se proposer l'enseignement des sciences politiques et administratives dont l'esprit a été caractérisé plus haut, il a semblé à la Faculté que ces sciences devraient être traitées dans trois cours ou en trois chaires, sauf à dédoubler ces chaires et à subdiviser ces cours, si l'expérience prouvait leur insuffisance. Les trois chaires seraient les suivantes : 1° Chaire de statistique et de science administrative proprement dite ; 2° Chaire d'économie politique et de science financière, donnant ces deux cours dans les deux semestres; 3° Droit public de l'Europe actuel et droit public comparé y compris la diplomatie. Si ce cadre paraît chargé, nous faisons observer qu'à Tubingue il se donne treize cours de sciences politiques et administratives et qu'à Berlin il s'en donne vingt. Il s'agit de combiner les cours de ces chaires avec ceux des chaires de droit proprement dit, de telle manière que les élèves qui se destinent particulièrement aux sciences politiques et administratives puissent suivre en même temps certains cours de droit dont les leçons leur sont indispensables pour l'intelligence entière des leçons de la section des sciences politiques et administratives et pour la pratique des affaires qui un jour leur seront confiées. Il leur est naturellement réservé de suivre les cours de droit dans leur ensemble, pour en obtenir les divers grades, mais la Faculté ne pense pas qu'il faille leur en faire une obligation. Cette obligation serait, pour la plupart, une charge trop forte et empêcherait la section politique et administrative de fournir autant de sujets qu'il en faut aux diverses administrations; la Faculté ne met pas en doute que le gouvernement ne voie la nécessité d'exiger des candidats aux emplois de l'administration des conditions analogues à celles exigées des candidats dans l'ordre judiciaire; l'existence de ces conditions n'est nullement incompatible avec le principe de la responsabilité ministérielle. La Faculté est donc de l'avis de l'affirmative sur la question posée : « Si des grades en « sciences politiques et administratives doivent être établis. » Pour faire jouir ces grades d'une considération égale à celle des grades de droit, elle propose de les distribuer selon la même échelle et avec des épreuves analogues. Ainsi il y aurait les grades de bachelier, de licencié et de docteur en sciences politiques et administratives, exigés diversement selon la nature et l'importance des emplois ou fonctions administratives. Nous disons *administratives*, car, quand aux fonctions politiques, nous concevons qu'il serait impossible d'exiger des conditions du genre des grades.

Avant de classer les divers cours des sciences politiques et administratives, qu'il nous soit permis d'exprimer un vœu dont l'objet nous paraît important : c'est que dans les mêmes Facultés un cours spécial soit donné qui ait pour objet l'histoire politique et civile de l'Europe moderne; un pareil cours est également indispensable pour l'intelligence des cours de droit et pour celle des cours des sciences politiques et administratives.

Revenant à notre sujet, voici quel serait, d'après la Faculté, le cours des études pour l'obtention des grades *dans ces sciences :*

1° Pour obtenir le grade de bachelier il faudrait avoir suivi à la Faculté de droit les cours de la première année et, en outre, ou le cours de procédure civile, ou celui de droit criminel, l'histoire politique et civile de l'Europe, enfin le cours de statistique politique. Il faudrait de plus avoir passé avec succès deux examens sur ces matières. La Faculté est convaincue que, sans une connaissance générale des diverses matières du droit, l'étude des sciences politiques et administratives est impossible, parce qu'elle manquerait d'une de ses bases.

2° Pour obtenir le grade de licencié, il faudrait pendant la deuxième année et la troisième, avoir suivi les cours des sciences administratives, celui de l'économie politique et des sciences financières, enfin le cours de droit administratif et de droit constitutionnel de la faculté de droit, ainsi que celui de droit des gens avec ses annexes. Il faudrait de plus avoir passé avec succès, deux examens sur ces matières.

3° Pour obtenir le grade de docteur il faudrait, dans la quatrième année, avoir suivi le cours de droit public européen ou de droit international public, suivi de celui de diplomatie, enfin le cours de droit international privé de la Faculté de droit.

La Faculté pense avoir renfermé dans ce cadre tous les objets d'instruction indiqués par M. le ministre; il est en effet très-élastique et se prête aux subdivisions ou dédoublement qu'une pratique de quelques années amènera probablement et que l'institution des agrégés pourra faciliter; l'arrangement et la coïncidence des cours des deux sections de la Faculté est une affaire de détail.

La Faculté n'a pas pensé qu'il fallut créer une chaire de droit ecclésiastique particulière. Ce droit rentre naturellement d'un côté dans le droit administratif, de l'autre dans le droit constitutionnel; enfin le droit public européen en revendique aussi sa part. La partie la plus riche en matières, le droit ecclésiastique administratif, ne l'est cependant pas assez pour offrir la matière d'un cours à part; la matière des bénéfices, qui en faisait autrefois une partie si considérable et qui touchait aussi au droit privé, a été réduite à rien, ainsi que les annates et autres objets qui touchaient au droit ecclésiastique extérieur. Cependant ce qui reste du droit canon ou ecclésiastique est encore assez important pour que les règlements enjoignent formellement aux professeurs respectifs des différentes branches du droit que cela regarde, de comprendre dans leurs leçons, en tant qu'il les concerne, le droit ecclésiastique.

La constitution du professorat fait l'objet d'une question à part.

Après de mûres réflexions, voici le résultat auquel s'est arrêtée la Faculté. Il y aurait des professeurs titulaires et des profeseurs agrégés. Le traitement de ces derniers serait du tiers du traitement fixe des professeurs titulaires, avec le supplément en usage. La conservation des deux traitements est nécessaire. Un seul traitement, un traitement fixe, dégénère trop facilement en une espèce de sinécure; plus d'un professeur ainsi circonscrit dans une position invariable, s'accommoderait d'idées une fois arrêtées et ne s'occuperait plus du progrès de la science; sa place deviendrait stérile. Si, au contraire, il a la perspective d'une amélioration honorifique et pécuniaire, il s'excite lui-même à améliorer, à vivifier son enseignement. Le traitement éventuel calculé, dans une sage proportion sur le nombre des élèves, est très-bien fait pour opérer cet effet. Pourquoi les universités d'Allemagne sont-elles si pleines de vie et si riches en résultats scientifiques, c'est que les professeurs, outre le traitement fixe convenable qui les met au-dessus du besoin, jouissent encore de rétributions payées directement par les étudiants et qui, jointes au débit des *compendium* des professeurs, édités fréquemment de nouveau, portent le total de leurs émoluments à une somme considérable (c'est ainsi qu'à Heidelberg plusieurs professeurs arrivent à 25,000 fr.; il y en a un qui arrive à 32,000 fr.); de cette sorte la position du professeur devient digne, il peut entretenir sa bibliothèque au niveau du progrès de la science, il peut suivre les journaux scientifiques, il peut s'aider d'un secrétaire, et peut faire en vacances des voyages qui le mettent en contact avec d'autres savants; ce ne sera pas un ouvrier courbé à terre, mais un véritable homme scientifique, libéral, élevé.

Le nombre des suppléants ou agrégés serait dans la proportion d'un sur deux professeurs titulaires. Leur service obligé serait celui actuellement établi, sauf à eux à donner des cours libres avec l'autorisation supérieure.

Quant au mode de nomination, la Faculté pense qu'il doit y avoir une différence, entre le mode de nomination au professorat et le mode de nomination à l'agrégation. Pour cette dernière, le mode du concours a paru devoir être conservé; pour le professorat, la nomination sur présentation a paru préférable. Ce n'est pas qu'il n'y ait pas d'autres modes encore très-propres, dans la supposition d'un certain état de choses, à procurer de bons professeurs titulaires ou agrégés. En Allemagne, par exemple, le concours est ignoré, et si l'autorité supérieure nomme sur présentation, la présentation elle-même n'est que de forme, puisqu'elle appelle seulement, pour ainsi dire, la vérification solennelle de l'appel, fait par la Faculté ou l'Académie intéressée, de tel sujet distingué déjà, professeur ou non, connu par des leçons publiques déjà données avec autorisation (autorisation de pure forme), ou par des ouvrages imprimés (les cours libres sont rétribués par les élèves). Ces appels sont d'autant plus susceptibles de produire un bon résultat, qu'ils peuvent s'adresser pour telle Académie, à tout Allemand de quelque État de la confédération germanique qu'il soit, et même à tout étranger; l'appel étant en même temps une offre de naturalisation et la nomination entraînant la naturalisation. On comprend quelle rivalité doit produire un tel état de choses, et combien cette rivalité doit tourner au profit des professeurs et de l'enseignement. Il explique aussi ces mutations fréquentes, volontaires, dans le personnel des chaires. Il y a quelque chose de pareil à ce qui existait en France avant le dix-septième siècle, ce que la vie d'Alicat, de Cujas, Bodouin, Duaren, Donneau, Du Moulin, attestent suffisamment et qui n'est même que la continuation un peu modifiée du professorat du moyen âge et de la vie des glossateurs. Il est des personnes qui regrettent que la centralisation actuelle et le défaut de pouvoir des conseils municipaux des grandes villes et des conseils de département s'opposent à l'établissement d'un système analogue parmi nous.

En s'attachant à la réalité, la Faculté pense que, si le concours est bon pour former une pépinière de bons sujets pour le professorat dans les agrégés, qu'il donnera à la suite de certaines épreuves obligées, il faut recourir à un autre mode pour la nomination aux places de professeurs titulaires. En effet, outre que le concours par la nature de ses opérations constate plutôt le savoir et le talent d'argumentation que les vues scientifiques élevées et le talent d'enseigner, il doit répugner aux professeurs agrégés déjà éprouvés par des cours libres et aux professeurs titulaires qui voudraient passer d'une chaire à l'autre dans la même Faculté, ou qui voudraient passer dans une autre Faculté. L'agrégation déjà péniblement obtenue et médiocrement rétribuée ne présentera plus que peu d'attrait, lorsqu'elle ne sera, souvent après un long temps, que le titre d'admissibilité à de nouvelles épreuves pénibles, lesquelles peuvent encore faire défaut à l'agrégé plein de science et de talent, mais peu fait aux luttes de concours. Il ne serait pas d'un bon effet pour la science et l'enseignement, que finalement l'obstination à concourir fût un titre pour le professorat. D'un autre côté, il est nécessaire de maintenir le zèle et le courage des agrégés par la perspective d'une nomination au professorat comparativement favorisée; faute de le faire, il serait à craindre que l'on manquât de candidats en nombre, présentant des garanties contre les sollicitations appuyées de recommandations puissantes.

Enfin la Faculté a pensé que, pour le cas où un homme de science, doué d'un talent éminent, voulût se vouer à l'enseignement, il ne faudrait pas que la circonstance seule qu'il ne fût ni professeur ni agrégé le rendît inhabile à être présenté, et privât l'Université de son concours. Seulement, les raisons qu'on vient de détailler font un devoir de la précaution à prendre, pour que les professeurs et agrégés ne soient sacrifiés à des personnes étrangères à l'Université, et que notamment les agrégés ne soient pas découragés.

En conséquence de toutes ces considérations, la Faculté propose, pour la nomination au professorat, le mode suivant :

A chaque vacance arrivée dans le professorat, il y aura lieu à la formation d'une liste de candidats.

Ne pourront être candidats que les docteurs en droit ou en sciences politiques et administratives qui seront :

1° Ou professeurs titulaires dans une Faculté de droit;

2° Ou agrégés dans la Faculté de droit où la place est vacante;

3° Ou proposés, d'accord, par la Faculté dans laquelle existe la vacance, la commission des hautes études de droit et l'Académie des sciences morales et politiques de l'Institut, ou du moins par deux de ces trois corps; dans le cas où cette proposition est à faire, la Faculté présentera son candidat en sus de ceux présentés par elle par la voie ordinaire.

Toutefois, cette proposition ne pourra avoir lieu que chaque fois pour la quatrième vacance arrivée dans chaque Faculté.

Toute vacance doit être publiée officiellement dans le mois par le *Moniteur*. Un mois après cette publication, les professeurs titulaires qui désirent la place, adressent leur demande au ministre de l'instruction publique. La Faculté lui adressera sa proposition comprenant un ou deux de ses agrégés, et s'il y a lieu à une proposition, en cas d'une quatrième vacance, l'Académie adressera de même sa proposition.

Toutes ces candidatures doivent être présentées au ministre, Grand Maître, dans le second mois de la publication de la vacance; la liste de candidature sera dressée en conséquence par le Conseil royal de l'instruction publique; elle sera publiée par le *Moniteur*. Sur la liste ainsi dressée et publiée aura lieu la nomination par ordonnance royale, contre-signée par le ministre de l'instruction publique, et rendue, au plus tard, dans le troisième mois de la vacance.

Nous avons pensé qu'il serait utile de déterminer de nouveau l'âge nécessaire pour l'agrégation et pour le professorat. Par analogie de ce qui a lieu dans l'ordre judiciaire, et parce que les professeurs et même les agrégés exercent dans les examens et actes publics une sorte de magistrature, nous estimons que l'âge requis pour l'agrégation doit être celui de vingt-deux ans accomplis, et celui requis pour le professorat, de vingt-cinq ans accomplis.

Quant au concours maintenu pour la nomination à la place de professeur suppléant ou agrégé, nous pensons que le règlement actuel doit être maintenu, le concours devant être ouvert dans les six mois de l'ouverture de la vacance.

La question des traitements entre directement dans la question relative à la constitution des Facultés; elle est intimement connexe avec la question posée par M. le ministre dans sa lettre du 8 avril relative à l'exercice de la profession d'avocat par les professeurs.

Lorsque la loi de ventôse an XII créa les Facultés de droit, la France n'était pas dans une position financière propre à faire bien apprécier et résoudre la question des traitements. D'ailleurs, ceux qui la rédigèrent, partant du point de vue de ce qu'avait été la position et l'état des professeurs immédiatement avant la révolution, trouvèrent que 3,000 fr. de traitement fixe devaient suffire aux nouveaux professeurs, qu'ils regardaient comme naturellement occupés de l'exercice de la profession d'avocat, soit en plaidant, soit en consultant; l'état d'avocat consultant étant pour ainsi dire constitué par les usages, et la consultation étant bien rétribuée. La preuve de ceci est dans la loi même de ventôse an XII, puisque c'est elle qui recrée dans un titre spécial l'ordre des avocats aboli par l'assemblée constituante.

Cette loi même posa le principe d'une rétribution éventuelle plus élevée que celle du traitement, puisque tout en rendant les cours gratuits, d'élèves à professeurs, elle établit des rétributions à payer à la caisse des Facultés, et décrète par son article 38, n° 4 « qu'il serait pourvu, par des règlements d'administration pu-« blique, à ce qui concernait le traitement des professeurs, et l'application des « rétributions à leur profit. »

Le décret du quatrième complémentaire an XII, rendu en conséquence de cette disposition, ordonna (art. 65) que les produits des frais d'études et de réceptions seraient appliqués 1° à un supplément de traitement pour les professeurs, le secrétaire de l'école, le directeur-professeur; 2° en droits de présence aux professeurs et aux suppléants qui assisteraient aux examens et aux thèses. Il résulte de ces dispositions développées depuis, entre autres, par le règlement du 11 novembre 1826 (art. 260), que les fonds perçus par les Facultés leur appartiennent, et que s'ils sont centralisés à Paris, cela ne change rien à leur destination définitive. Or, en calculant, d'après cette base, l'encaisse de chaque Faculté, on trouverait que, même déduction faite des frais d'administration et d'entretien, chacune, même les plus inférieures par le nombre d'élèves, aurait de quoi ajouter aux traitements fixes de ses professeurs un traitement additionnel considérable, en tous cas 6,000 fr. Le principe d'une rétribution convenable, et se rapprochant de ce dont on voit jouir les professeurs des autres pays, est donc dans la loi même de l'an XII, et néanmoins cette loi disposait en vue de l'exercice de la profession d'avocat qu'elle reconstituait en même temps que les écoles de droit. D'un autre côté, il faut convenir que l'exercice plein, habituel et journalier de la profession d'avocat est peu favorable à l'enseignement du professeur. Autant qu'il est à désirer que le professeur ait pratiqué la jurisprudence, qui est un art autant qu'une science (tous les plus grands jurisconsultes se sont formés à la fois par l'étude et par la pratique), autant faut-il se garder de laisser se dissiper le temps et les talents du professeur dans l'exercice du barreau. Il y a ici une première distinction à faire, celle que l'usage a établie entre les avocats plaidants et les avocats consultants. Les avocats ont une espèce d'ambition à entrer dans cette dernière catégorie, et pour peu qu'un empêchement quelconque vienne leur rendre pénible l'exercice de la plaidoirie, ils se retirent parmi les avocats consultants, regardés comme les vétérans de l'ordre. En face d'une loi comme celle de ventôse an XII et en vue de ces usages, il serait légalement impossible et, de plus, injuste de rayer les professeurs avocats du tableau de l'ordre; d'un autre côté, l'exercice de la consultation ne peut que profiter au professeur même; reste donc la question de la compatibilité de la plaidoirie avec le professorat. La Faculté pense que, dans l'état des choses, l'on ne peut pas plus déclarer la plaidoirie incompatible, en principe, avec le professorat de droit, que la pratique de la médecine ou de la chirurgie ou de l'accouchement avec le professorat de médecine; mais comme la *plaidoirie habituelle* devant tous les tribunaux ordinaires et exceptionnels et l'obligation qu'elle entraîne de suivre les audiences est évidemment de nature à gêner l'exercice de l'enseignement et l'étude approfondie du droit toujours nécessaire pour que le professeur reste à la hauteur de la science et de ses progrès, et comme les inconvénients signalés par M. le ministre dans sa lettre, proviennent en partie de ce que l'Université ne s'est encore prononcée d'aucune manière à cet égard, de telle sorte qu'on a vu (ailleurs qu'à Strasbourg) des exemples de professeurs avocats qui allaient même plaider dans des cours d'assises siégeant dans d'autres villes que leurs Facultés; comme enfin l'Université a le droit de veiller à ce que les fonctions du professeur soient remplies fidèlement, elle pense aussi qu'il est besoin que l'Université exprime formellement la règle, que l'exercice de la profession de plaidoirie ne doit point nuire à l'accomplissement des fonctions de professeur, et qu'elle y fera veiller par les autorités supérieures.

Et si M. le ministre, qui a déjà, par une mesure récente, montré sa sollicitude pour porter le traitement des professeurs au niveau que demande l'état des choses et l'esprit de la loi de ventôse an XII, faisait porter à un taux convenable, par exemple à 6,000 fr., le traitement fixe, alors la Faculté penserait que la défense de la plaidoirie à l'égard des professeurs, ne pourrait exciter aucune juste réclamation.

Ce qui vient d'être dit ne regarde pas les professeurs suppléants; outre qu'il est bon qu'ils pratiquent la jurisprudence, ils sont si peu rétribués et d'un autre côté si peu officiellement occupés dans la Faculté, qu'il faut leur laisser cette occasion de se perfectionner dans l'art du droit et d'assurer convenablement leur existence.

(*Suivent les signatures.*)

La délibération de la Faculté de droit de Strasbourg était accompagnée du tableau suivant présentant le nombre de chaires pour la section du droit et pour la section des sciences administratives et politiques, ainsi que la désignation des cours à suivre pour l'obtention des différents grades.

Tableau des chaires de chaque Faculté de droit.

Droit romain ;
Code civil, trois chaires,
Procédure civile;
Droit criminel (Code pénal, Code d'instruction criminelle, Codes criminels militaire et maritime);
Droit des gens et histoire des traités et droit public maritime ;
Droit commercial (Code de commerce tout entier, y compris le livre du commerce maritime);
Droit constitutionnel et administratif;
Introduction générale à l'étude du droit;
Pandectes;
Droit international privé.

Tableau des chaires de la section des sciences administratives et politiques (dans chaque Faculté).

Chaire de statistique civile et politique;
Chaire des sciences administratives;
Chaire d'économie politique et de science financière;
Chaire de droit public européen et de droit public comparé (y compris la diplomatie, l'histoire des traités et le droit public maritime);

Tableau des cours à suivre pour les différents grades de droit proprement dit.

BACCALAURÉAT.

1re année. — Cours des Institutes de Justinien ;
Dans le premier semestre : Introduction générale à l'étude du droit, ou Encyclopédie du droit public et privé, et Méthodologie ;
Dans le deuxième semestre : Aperçu de l'ensemble du droit public et privé;
Premier cours de Code civil.
2e année. — Deuxième cours de Code civil;
Cours de procédure civile;
Cours de droit criminel (Code pénal et Code d'instruction criminelle);
Cours de droit des gens, suivi de l'Histoire des traités et droit public maritime.

LICENCE.

3e année. — Troisième cours de Code civil;
Cours de droit constitutionnel (1er semestre) et cours de droit administratif (2e semestre).
Cours de droit international privé.

DOCTORAT.

4e année. — Cours d'histoire du droit français (1er semestre). Exposition du droit coutumier (2e semestre); Droit romain moderne (des parlements) ; Histoire des ordonnances ;
Cours de Pandectes.

Tableau des cours à suivre dans la section des sciences administratives et politiques, pour les grades de baccalauréat, de licence et de doctorat dans ces sciences.

BACCALAURÉAT.

1re année. — A la *Faculté de droit :* Les cours exigés pour les élèves en droit proprement dit ;
A la *Faculté des sciences administratives et politiques :* Le cours de statistique civile et politique.

2e année. — A la *Faculté de droit :* Le cours de droit constitutionnel, suivi du cours de droit administratif ;
Le cours de droit des gens, suivi de l'histoire des traités et droit public maritime.

LICENCE.

3e année. — A la section *des sciences administratives et politiques :* Le cours des sciences administratives ;
Le cours d'économie politique et de sciences financières.

DOCTORAT.

4e année. — A la *Faculté de droit :* Cours de droit des gens et d'histoire des traités et droit public maritime ;
Cours de droit international privé ;
A la section des sciences *administratives et politiques :*
Le cours de droit public européen et droit international public et de diplomatie.

IX.

FACULTÉ DE DROIT DE TOULOUSE.

EXTRAIT DU REGISTRE DES DÉLIBÉRATIONS.

L'an 1845 et le 21 avril, la Faculté de droit de Toulouse s'est réunie dans le lieu ordinaire de ses séances en vertu de la convocation faite par M. le doyen.

Présents MM. Laurens, doyen ; Delpech, Benech, Chauveau, Rodière et Dufour, professeurs ayant voix délibérative, et MM. Molinier, Bressolles, Capmas et Massol, suppléants, ayant voix consultative.

Le rapporteur chargé dans l'une des précédentes séances de faire un projet de réponse à la circulaire de M. le Ministre de l'instruction publique, en date du 29 mars dernier et à la dépêche du 8 avril courant, a proposé la rédaction suivante qui a été approuvée par la Faculté.

Monsieur le Ministre,

La création d'une haute commission des études du droit, dont la pensée appartient à Votre Excellence, renferme le germe des améliorations les plus importantes dans la constitution du professorat et l'enseignement des diverses parties du droit.

La Faculté, en répondant à la confiance que lui a témoigné le Grand Maître de l'Université, s'efforcera toujours de concilier les progrès des études avec la dignité du professeur; sans répudier son passé, elle s'occupera de l'avenir avec la sollicitude éclairée qu'exigent les changements qui préoccupent les esprits scientifiques.

La Faculté avait émis le vœu que la science du droit eût son organe au Conseil royal et que nos écoles fussent replacées sous l'inspection d'hommes spéciaux, de jurisconsultes éminents ; elle a considéré comme de véritables bienfaits l'entrée au Conseil d'un savant illustre, d'un de nos publicistes les plus distingués, et le rétablissement légal de l'inspection générale; elle a pu apprécier, dans une occasion toute récente, les qualités qui distinguent le fonctionnaire appelé, le premier, à donner la vie à cette utile institution. Permettez-nous, Monsieur le ministre, de solliciter le développement de l'inspection générale appelée à centraliser les efforts de toutes les Facultés, à exercer une influence salutaire sur l'enseignement et la discipline.

Lorsqu'en 1838, Votre Excellence demanda au roi la création de la haute commission des études du droit, la Faculté fut consultée sur la convenance et l'utilité de quelques-unes des modifications indiquées de nouveau dans le rapport de Votre Excellence du 20 février dernier.

La Faculté remit sa délibération à M. Laplagne-Barris, inspecteur général; elle fut d'avis que le système de l'agrégation ne devait pas être substitué au système actuel de nomination des professeurs titulaires et suppléants; que quatre années d'études devaient être imposées aux jeunes gens qui aspirent à la licence; cinq ans aux aspirants au doctorat; que le diplôme de licencié devait être exigé des candidats aux offices de notaire, d'avoué, de greffier, aux fonctions de l'enregistrement, et le diplôme de capacité de ceux qui demandent une nomination d'huissier.

La Faculté pense encore, comme en 1833 et en 1838, que la chaire de droit public ne nécessite pas à Toulouse un enseignement distinct; que dans les prolégomènes du cours de droit administratif rentre nécessairement l'exposé des principales règles de notre droit constitutionnel, et que la partie purement historique appartient au cours de l'histoire du droit, cours qui embrasse, dans sa généralité, les modifications que les siècles ont apportées au droit public comme au droit privé, au droit administratif comme au droit civil, au droit commercial, au droit criminel; aussi, avons-nous sollicité la création de cette chaire d'histoire du droit qui nous a constamment paru le lien nécessaire de toutes les connaissances qu'acquièrent les jeunes gens dans nos écoles; mais il est une chaire, Monsieur le ministre, sans laquelle l'enseignement du droit pratique est, à nos yeux, évidemment incomplet. C'est la chaire de *Code pénal* et *d'instruction criminelle*. Quel que soit le mérite du professeur de procédure civile, quelle que soit sa capacité bien reconnue pour enseigner le droit criminel, quel que soit son zèle pour augmenter le nombre de ses leçons, ou leur durée, l'année toute entière qui lui est assignée est insuffisante pour embrasser la totalité des lois d'organisation, de compétence et de procédure civile; s'il parle à ses élèves de droit criminel, ce sont des explications approfondies sur la compétence et la procédure dont il est forcé de les priver; et ce qu'il dit du droit criminel sert à peine de programme à quelques élèves studieux pour étudier, au sortir de nos écoles, la théorie, l'esprit, le texte de nos lois criminelles. Ces lois sont loin d'être renfermées dans nos deux Codes spéciaux. Le droit pénal militaire qui mériterait, a-t-on dit quelquefois, la création d'une chaire spéciale en est une des branches essentielles.

A peine sortis des bancs de nos écoles, les jeunes licenciés éprouvent leurs forces devant les tribunaux criminels; les candidats à la magistrature travaillent dans les parquets des procureurs généraux, des procureurs du roi; il est pénible de conserver cette conviction que la loi pénale et la loi d'instruction criminelle leur sont pour ainsi dire étrangères. De nombreuses cassations, qui entraînent pour le trésor des frais considérables, témoignent de cette vérité que les magistrats ont regardé comme accessoire l'étude du droit criminel.

La création d'une chaire de droit criminel ne nous apparaît pas, Monsieur le ministre, comme une de ces améliorations que le temps peut produire dans sa marche lente et progressive, mais comme une de ces nécessités d'organisation que réclame impérieusement le complément des études que font les jeunes gens dans les écoles de droit. Déjà la Faculté a pu apprécier les résultats avantageux qu'offrait l'enseignement de la législation criminelle : l'un de ses professeurs suppléants a bien voulu se charger de faire ce cours qui, toutefois, n'est encore que facultatif et qui est suivi avec fruit par les élèves laborieux. L'importance qu'ils y attachent prouve que la création d'une chaire dont l'enseignement serait obligatoire, satisferait à un besoin généralement senti, depuis surtout que le Code pénal et le Code d'instruction criminelle figurent dans le programme tracé pour les examens par l'ordonnance du 22 septembre 1843.

Depuis quelques années, des esprits fort éclairés cherchent à nationaliser en France l'idée de Faculté des sciences administratives et politiques. Pour traiter ce sujet d'une manière convenable, il faudrait un livre, et nous ne devons indiquer qu'une opinion à Votre Excellence. Forcés d'embrasser en peu de mots un sujet aussi vaste, nous vous soumettons nos raisons de décider.

L'enseignement du droit doit être complet. C'est une dette que l'État contracte en dirigeant exclusivement cet enseignement; au jeune adepte seront donc enseignées toutes les parties de nos lois dont l'application forme en France le système légal. Quelques parties, peut-être assez importantes pour mériter un enseignement séparé, peuvent être réunies, les Codes et juridictions militaires seront expliqués par le professeur de droit commercial; le droit maritime est enseigné avec distinction par nos professeurs de droit commercial. La diplomatique et toutes ses branches, le droit des gens, le droit international rentrent dans le droit administratif, ainsi que les quelques règles bien simples qui constituent, ce qu'on peut appeler en 1845, le droit ecclésiastique. La partie importante de ce droit qui se rattache à l'origine de nos institutions, et ce droit coutumier, si fécond dans ses rapports avec nos Codes, ne peuvent être détachés de la chaire d'histoire du droit qui, pour être complète et intéressante, doit faire jaillir le véritable esprit de notre droit actuel, de la comparaison et du développement progressif de tout notre droit ancien.

Toutefois, Monsieur le ministre, quelques fonctions publiques, telles que celles de membre du conseil d'Etat, préfet, sous-préfet, conseiller de préfecture, consul, ambassadeur, etc., exigent peut-être un *approfondissement* de certaines parties de l'enseignement que nous venons d'indiquer; peut-être serait-il convenable de créer une école spéciale d'enseignement transcendant pour les relations diplomatiques, l'économie politique, les sciences agricoles, les sciences physiques, etc.; mais ne serait-ce point imposer de nouvelles obligations onéreuses aux familles, restreindre l'application des dispositions constitutionnelles qui nous ramènent à l'égalité devant la loi? Lorsque ces conditions exceptionnelles sont éminemment utiles, comme pour les élèves de l'école polytechnique, on en conçoit l'opportunité; mais il faut aussi à ces fonctionnaires, dont nous avons parlé, une science non moins difficile à acquérir, celle de la connaissance de l'homme. Cette science de l'expérience ne peut être que le résultat de la vie du monde. Le jeune homme qui sortirait d'une école spéciale d'application pour remplir les fonctions de sous-préfet, ou consul, ferait un fort mauvais administrateur.

Les quatre années d'études pour la licence et le doctorat offriront des garanties bien suffisantes pour la capacité des sujets, parmi lesquels le gouvernement du Roi devra faire ses choix. Nous regrettons que dans la loi sur le conseil d'Etat, que vient de voter la chambre des députés, la condition du doctorat n'ait pas été toujours exigée des candidats aux importantes fonctions d'auditeur. Dans cette prévision de conserver l'organisation actuelle de nos Facultés, nous croyons néanmoins, Monsieur le ministre, que le droit administratif ne peut pas être enseigné d'une manière complète pendant une seule année scholaire : Votre Excellence pensera, sans doute, qu'il serait convenable de donner plus de temps au professeur en augmentant le nombre de chaires qui sont consacrées à cet enseignement.

Dans votre circulaire du 8 avril, vous avez bien voulu, Monsieur le ministre, nous consulter de nouveau sur la convenance de l'exercice de la profession d'avocat avec le professorat. Déjà en 1838, nous avions pensé que ces deux professions avaient entre elles une précieuse connexité; nous verrions de graves inconvénients à changer l'état de choses actuel, ce qui ne pourrait d'ailleurs s'effectuer que par une loi. Ce serait enlever aux membres des écoles de droit un antique privilége. Fontanon, sur les statuts de l'Université de Paris, t. IV, p. 434, la déclaration du 6 août 1682, l'arrêt du 6 septembre 1777, nous apprennent qu'il était permis aux professeurs de plaider, dans toutes les écoles du royaume. Avant la révolution, les professeurs exerçaient la profession d'avocat, *Rebuffe*, à Montpellier; *Jérôme Bignon*, à Cahors; *Arnoult, Micault, Nanet et Bernard*, à Dijon; *Dudouet, Paulmier*, à Caen; *Eguinard, Baron*, à Bourges, etc. Depuis l'an XII, *Carré*, à Rennes; *Boncenne*, à Poitiers, ont laissé au barreau des souvenirs aussi brillants qu'au milieu des Facultés qui ont eu l'honneur de les avoir pour doyens.

La plaidoirie a fait souvent acquérir au professeur plus d'autorité, de facilité, d'animation. Si le législateur déclarait aujourd'hui l'incompatibilité immédiate entre les fonctions de professeur et l'exercice de la profession d'avocat, il nuirait à certains droits acquis que dans d'autres circonstances il a lui-même respectés avec un soin tout particulier. De fort bons esprits avaient désiré voir consacrer en principe que les professeurs de droit civil, de droit commercial, de procédure, de droit pénal, etc., fissent toujours partie des cours souveraines de justice, les professeurs de droit administratif, du conseil d'Etat ou des conseils de préfecture. Le fonds de cette pensée était d'unir la théorie à la pratique, de ne pas laisser le professeur dans l'éclectisme seul des principes et de le ramener, chaque jour, des hauteurs de l'enseignement, à l'étroitesse des exigences pratiques; peut-être les susceptibilités sur le cumul s'opposent-elles à ce que le gouvernement adopte ces idées fort sages. Mais au moins que l'Université conserve à ses membres enseignants le libre exercice d'une profession qui permet d'atteindre le même but. Le médecin qui a médité les ouvrages des maîtres de la science, qui a enseigné une théorie fort brillante, est surpris de voir cette théorie contredite par l'état d'un malade auprès duquel l'appellent sa réputation et son expérience. Souvent aussi le professeur de droit découvre des modifications nécessaires à ses théories absolues, dans les variétés infinies des conventions et des contestations, produit de l'intérêt individuel. La magistrature gagne beaucoup à accueillir à sa barre des jurisconsultes sévères dans l'exposition des principes. L'utile alliance du droit et du fait puise une nouvelle force dans cette participation des professeurs de droit aux travaux de la magistrature.

Si le professeur oubliait les devoirs que lui impose la noble mission qui lui est confiée, s'il manquait à l'exactitude dont il doit l'exemple à ses élèves et pour le cours et pour les exercices, M. le recteur de l'Académie, M. le doyen de la Faculté, lui adresseraient de paternelles observations; que si ces observations n'étaient pas écoutées, l'autorité de Votre Excellence rappellerait à son devoir le professeur indocile. Disons, Monsieur le ministre, que jamais les membres des Facultés de droit ne s'exposeront à un pareil scandale.

Peu de membres de notre Faculté se livrent à l'exercice de la profession d'avocat; nous pouvons donner à Votre Excellence l'assurance qu'aucun d'eux n'a jamais compromis la dignité du professorat, et qu'au contraire ils sont reçus au barreau avec la considération que mérite leur honorable position.

Dans toutes les branches du service public il existe une généreuse émulation, une noble ambition; les plus hautes fonctions sont exercées à Paris, elles sont accordées, comme récompenses, aux hommes dont le zèle et les talents ont donné de plus grandes garanties. Le conseil d'Etat, la cour de cassation, présentent aux fonctionnaires de l'ordre judiciaire et administratif, les plus belles positions qu'ils puissent atteindre.

Dans l'enseignement du droit, au contraire, le professeur, une fois nommé, est forcé de rester et de mourir là où le sort l'a jeté, quels que soient ses goûts, ses habitudes, les convenances, les nécessités même de famille, premier inconvénient de l'immutabilité des fonctions de l'enseignement du droit; et si un professeur, dans ses rêves de légitime ambition, aspire à obtenir une chaire dans la Faculté de Paris, il faut qu'il descende de la sienne pour disputer, par la voie du concours, à quelques jeunes gens qui ont été ses élèves, un enseignement pour lequel l'Université et l'opinion publique le reconnaissent le plus digne.

Votre Excellence a été touchée de cette position anormale; nous le sommes également et nous ne pensons pas que des modifications apportées à cet ordre de choses puissent exercer aucune influence sur l'inamovibilité nécessaire à la dignité et à la sécurité des personnes. De même qu'un juge de première instance ne peut pas être forcé d'accepter une place de conseiller à une cour royale, de même aussi un professeur ne pourrait pas être forcé à abandonner la chaire qu'il occupe et la Faculté à laquelle il appartient.

Nous sommes, etc.

Délibéré à Toulouse, les jour, mois et an que ci-dessus.

(*Suivent les signatures.*)

L'opinion personnelle de M. le doyen de la Faculté de droit de Toulouse sur la question du cumul des fonctions de professeur avec celles d'avocat, étant contraire à l'avis de la Faculté consigné dans la délibération ci-dessus, sur le même sujet, on reproduit ci-après la lettre de M. le doyen :

Toulouse, le 26 avril 1845.

Monsieur le Ministre,

J'ai l'honneur de vous envoyer la délibération qu'a prise la Faculté de droit de Toulouse sur l'invitation contenue dans vos lettres du 29 mars dernier et du 8 de ce mois. Ce travail a été un peu retardé par les événements qui ont agité notre école et par l'absence de certains de ses membres.

Veuillez d'abord, Monsieur le ministre, agréer l'expression de notre reconnaissance, pour avoir appelé les Facultés de droit à dire leur pensée sur les questions importantes que résume votre rapport au Roi et qui les intéressent à un si haut degré. Leurs vues fondées sur l'expérience, combinées avec celles qu'émettront, auprès de vous, des esprits supérieurs, contribueront peut-être à l'exécution de votre généreuse et déjà ancienne pensée, l'amélioration des études de droit.

Je crois devoir dire que notre Faculté n'a pas été unanime sur tous les points traités dans sa délibération. Il en est un entre autres, sur lequel il est possible qu'il n'y ait pas eu partout une entière liberté d'opinion ; et l'on conçoit des considérations importantes qui peuvent rendre quelquefois certains ménagements nécessaires. Je veux parler de la question du cumul des fonctions de professeur avec celles d'avocat. Depuis longtemps, ancien avocat moi-même, j'ai été frappé des inconvénients inséparables de ce cumul pour la dignité du professorat et sous d'autres rapports encore; et je n'hésite pas à reconnaître que, sans qu'il soit besoin de recourir à une loi, l'Université peut changer cet état de choses de sa seule autorité.

Les raisons de cette opinion sont trop frappantes et trop bien senties, pour que leur expression puisse avoir quelque utilité, alors que la question doit être soumise, Monsieur le ministre, à votre haute appréciation, à celle du Conseil royal et de la commission des études de droit. J'ai seulement éprouvé le besoin d'exprimer ma conviction sur une question d'une si grande importance pour les Facultés de droit. Au reste, je n'ai pas dissimulé mon opinion à mes collègues.

Je suis avec respect et la plus haute considération,

Monsieur le Ministre,

Votre très-dévoué serviteur,

LAURENS.

RÉSUMÉ

DES DÉLIBÉRATIONS DES FACULTÉS DE DROIT.

Résumé des délibérations des Facultés de droit sur les

QUESTIONS posées PAR M. LE MINISTRE.	FACULTÉ D'AIX.	FACULTÉ DE CAEN.	FACULTÉ DE DIJON.	FACULTÉ DE GRENOBLE
I. Les cours des Facultés des lettres doivent-ils être obligatoires pour les élèves des Facultés de droit?	Non. — Si cependant cette mesure était adoptée, elle ne devrait s'appliquer qu'aux élèves de 1re et de 2e année.			
II. Y a-t-il lieu de dédoubler les chaires de procédure civile et de législation criminelle?		Oui.	Oui.	Oui.
III. Ne pourrait-il pas y avoir à côté des gradués ordinaires des Facultés de droit, des gradués particuliers dans le droit administratif et politique?	Oui.			Non.
IV. Doit-on donner de plus grands développements à l'enseignement du droit administratif dans toutes les Facultés des départements?	Oui.	Oui.	Oui.	Oui.
V. A Paris, l'enseignement du droit administratif et politique devrait-il former un annexe de la Faculté actuelle?				Non.
VI L'enseignement du droit administratif et politique ne devrait-il pas être l'objet d'une Faculté spéciale à Paris?			Non.	Non.
VII. Y a-t-il lieu de créer un corps d'agrégés près les Facultés de droit?	Non, s'il s'agit d'un nouvel ordre de fonctionnaires. Il faut seulement développer l'institution actuelle des suppléants sous le nom d'agrégation, si ce nom paraît préférable, mais les agrégés ne devraient être autre chose que les suppléants actuels. Le titre d'agrégé ne pourrait s'obtenir que par le concours.	Non, s'il s'agit d'un nouvel ordre de fonctionnaires.—S'il s'agit de suppléance proprement dite, il est inutile de changer la dénomination.	Non.—L'institution des suppléants suffit.	Non. — L'institution des suppléants doit être conservée. Si les agrégés ne doivent que suppléer les professeurs, pourquoi changer la dénomination?
VIII. Quel ordre d'épreuves lierait l'un à l'autre les deux degrés du professorat?	Les agrégés seraient aptes à devenir professeurs en titre, sans concours, après trois ans d'exercice.	Le concours doit être maintenu pour les chaires de professeurs et pour les suppléances.		Le principe du concours doit être conservé pour les chaires et pour les suppléances; mais il pourrait y avoir une nomination au choix, sur quatre chaires vacantes, d'après une liste de présentation émanée de la Faculté.
Une partie des chaires spéciales à la Faculté de Paris ne pourraient-elles pas être réservées aux professeurs éminents des autres Facultés?	Oui (pour toutes les chaires.) — Il conviendrait d'étendre ce droit à tous les agrégés ayant trois ans d'exercice.	Oui.	Oui.—La Faculté désire en outre, la permutation de chaires soit d'une Faculté à une autre, dans les départements, soit dans le sein de la même Faculté.	Non. — Si, cependant, cette mesure était admise, on devrait l'étendre à toutes les Facultés. Dans tous les cas, elle ne pourrait avoir lieu que pour les professeurs en titre ayant au moins dix ans d'exercice.
X. Le cumul des fonctions de professeur avec l'exercice de la profession d'avocat offre-t-il des inconvénients tels, qu'il y ait lieu de l'interdire?	Non. — Si la prohibition du cumul était prononcée, elle ne devrait du moins pas s'étendre aux avocats consultants.	Non.	Non.	Non. (M. le doyen est d'avis qu'il convient d'interdir aux professeurs la profession d'avocat *plaidant*, mais non celle d'avocat *consultant*.)

…uestions qui leur ont été proposées par M. le ministre.

FACULTÉ DE PARIS.	FACULTÉ DE POITIERS.	FACULTÉ DE RENNES.	FACULTÉ DE STRASBOURG.	FACULTÉ DE TOULOUSE.
Non. — Si cependant le dédoublement était prononcé, ce ne pourrait être que par une loi.		Oui.	Oui.	Oui.
Non.—Mais on pourrait, pour certaines fonctions, exiger un complément d'études et un examen spécial sur une ou plusieurs des matières enseignées à la quatrième année. Mention de cet examen serait faite sur le diplôme de licencié.			Oui.	Non.
Non.	Oui.	Oui.	Oui.	Oui.
Non.	Non	Non.	Oui, et de même dans toutes les Facultés.	Non.
Non.	Non.	Non.	Non.	Non.
Non.	Non.	Non.	Oui, en remplacement des suppléants actuels. — Ils rempliraient les mêmes fonctions que ceux-ci.	Non.
Le concours doit être maintenu et pour la suppléance et pour le professorat.		Les Facultés doivent continuer d'être composées de professeurs titulaires et de suppléants nommés au concours; ces derniers doivent être seuls admis à concourir entre eux pour le professorat.	Les agrégés doivent être nommés au concours; les professeurs, sur présentation. On pourrait aussi nommer sur présentation des personnes étrangères au professorat et au corps des agrégés, mais dans la proportion d'une place sur quatre vacances.	
Non.	Oui. — En outre, la permutation devrait être possible, soit d'une Faculté à une autre, soit d'une chaire à une autre, dans une même Faculté.	Non.	Oui. — En outre, la permutation devrait être possible, soit d'une Faculté à une autre, soit d'une chaire à une autre, dans une même Faculté	Oui.
Non.	Non.	Non.—Dans tous les cas cette mesure ne devrait pas atteindre les suppléants.	Non, à moins d'élever le traitement fixe des professeurs à 6,000 fr.—Dans tous les cas, le cumul ne devrait pas être interdit aux suppléants ou agrégés.	Non. (M. le doyen croit, au contraire, que ce cumul doit être interdit. Il pense qu'il n'est pas besoin d'une loi pour arriver à ce résultat.)

ANNEXES.

LETTRE adressée à M. le ministre de l'instruction publique par M. le doyen de la Faculté de droit de Poitiers, en envoyant la délibération de la Faculté sur les questions proposées par M. le ministre.

(Des modifications importantes étant proposées par M. le doyen sur la constitution du professorat et sur l'enseignement du droit, on a jugé utile de reproduire cette pièce.)

Poitiers, le 18 avril 1845.

Monsieur le ministre,

J'ai l'honneur de vous adresser la délibération de la Faculté que vous avez provoquée par vos lettres des 29 mars et 8 avril derniers. La question du cumul des fonctions d'avocat et de professeur y est discutée avec un soin tout particulier et résolue affirmativement. Il y a longtemps que mon opinion est fixée en sens contraire, et l'expérience n'a fait sur ce point que confirmer mes premières impressions. Je dois dire cependant que mes cinq collègues plaidants font leur service avec zèle, qu'ils ne reculent pas devant des leçons supplémentaires quand elles deviennent nécessaires, et que, placés dans les premiers rangs du barreau, ils jouissent, comme avocats, d'une considération méritée par leur talent. Mais il est bien certain que la science et l'enseignement gagneraient à ce qu'ils leur consacrassent le temps et l'activité d'esprit qu'ils dépensent chaque jour dans les travaux lucratifs, mais en général peu scientifiques du barreau.

Peut-être sera-t-il difficile de faire cesser tout d'un coup un abus qui touche à tant d'intérêts, qui a pour lui un long usage et l'autorité de quelques personnages éminents; peut-être serait-il à propos de tourner la difficulté et de se résigner à arriver plus tard, mais plus sûrement au but qu'on veut atteindre. Une mesure qui interdirait la plaidoirie à tout professeur, qui sera nommé désormais ne trouverait aucun obstacle, ne soulèverait aucune réclamation et opérerait une transition insensible de l'état de choses actuel à celui que vous désirez établir. Si une telle mesure avait été adoptée il y a quinze ans, Poitiers n'aurait pas dans ce moment un seul professeur plaidant; si elle était adoptée aujourd'hui, dans cinq ans il en resterait deux à peine.

Grâce à vous, Monsieur le ministre, la plupart des questions importantes relatives à l'enseignement du droit sont résolues ou bien près de l'être; les délibérations que vous avez demandées aux Facultés aideront sans doute à amener ce résultat; cependant, je n'en crois pas moins utile d'entrer dans quelques détails d'exécution, en partant toutefois des solutions que je considère comme acquises. Je m'occuperai :

1° Du corps des professeurs;

2° De l'augmentation des matières de l'enseignement;

3° De la surveillance de cet enseignement par l'autorité supérieure;

4° De l'assiduité et du travail des élèves;

5° Des examens.

1° *Professorat.*

Le professorat dans les Facultés de droit doit être une carrière *habituellement ouverte* à l'émulation des jeunes hommes de talent; ceux-ci, une fois qu'ils y sont entrés, doivent se consacrer *exclusivement* à leurs fonctions, et l'Université leur doit en retour un *avancement graduel* et une *position honorable*, en rapport avec leur mérite et leurs services. Tout cela existe dans d'autres branches de l'enseignement, il ne s'agit donc que de faire une nouvelle application de règles dont l'expérience a démontré les bons effets. Voici comment je comprends cette application :

Concours. — Tous les ans, ou tous les deux ans au plus tard, un concours aurait lieu pour l'agrégation *à Paris*, devant un jury composé de *professeurs pris dans les neuf Facultés* du royaume, sous la présidence d'un inspecteur général, avec l'adjonction de magistrats.

Je demande que le concours ait lieu à Paris, et que les juges en soient pris dans les neuf Facultés du royaume, pour éviter l'influence des localités et détruire l'idée fausse, mais généralement adoptée et propagée par ceux qui ne réussissent pas, que les juges avaient un parti pris d'avance.

Ce concours périodique tiendrait en haleine les jeunes docteurs qui pourraient alors espérer d'obtenir après quelques années, le fruit de leurs efforts; tandis qu'aujourd'hui beaucoup de jeunes gens fort capables, ne voulant pas aller concourir d'un bout de la France à l'autre, n'essayent pas d'entrer dans la carrière, ou abandonnent leurs projets après une ou deux épreuves.

Les agrégés seraient placés dans les différentes Facultés du royaume; autant que possible, hors de la Faculté où ils auraient étudié et pris leurs grades; ils suppléeraient les professeurs, feraient des cours complémentaires et des examens.

Les places de professeur seraient attribuées aux agrégés, soit par un concours auquel ils seraient seuls admis, et qui aurait lieu à Paris en cas de vacance, dans la même forme que le concours d'agrégation, soit par une nomination directe du ministre qui serait fondée sur les titres universitaires constatés dans le tableau d'avancement.

Enfin, les professeurs eux-mêmes pourraient, en vertu de la nomination du ministre, passer dans une Faculté où le traitement serait plus considérable. Et comme cet avancement nécessairement restreint ne suffirait peut-être pas pour exciter partout l'émulation, il serait bon de diviser les professeurs en différentes classes quant au traitement, afin de pouvoir leur donner un avancement mérité, sans les changer de Faculté. Ce système est déjà appliqué avec avantage dans plusieurs branches de l'administration. Il résulte de documents officiels, que j'ai eus sous les yeux, qu'en Belgique les professeurs des Universités de Gand et de Liége, qui sont les Universités de l'État, sont ainsi rétribués : professeurs extraordinaires, 4,000 fr.; professeurs ordinaires, 6,000, — 7,500, — 8,000, — 9,000 fr. (Voir le rapport officiel présenté aux chambres par M. Nothomb, ministre de l'intérieur, le 6 avril 1843.)

2° *Enseignement.*

Si les professeurs, éloignés du barreau, donnaient tout leur temps à l'accomplissement de leurs fonctions, l'enseignement pourrait recevoir toutes les augmentations dont il a besoin, sans qu'il fût nécessaire d'augmenter le personnel du corps enseignant. En effet, il n'est pas au-dessus des forces d'un professeur de faire une leçon de cinq quarts d'heure tous les jours, sur des matières positives; cela posé, un nouveau cours pourrait être exigé de chacun des sept professeurs qui composent les Facultés de province d'après le plan suivant :

1° *Le professeur de droit romain* ferait, comme aujourd'hui, son cours élémentaire d'Institutes, tous *les deux jours;* plus *trois fois* par semaine un cours de droit romain approfondi, qualifié *cours de Pandectes.*

2° *Le professeur de procédure* ferait, outre son cours actuel de *procédure*, un cours de *droit criminel.*

3° *Le professeur de droit commercial* ferait un cours *d'économie politique.*

4° *Le professeur de droit administratif* professerait aussi le *droit constitutionnel.*

5° Quant aux *trois professeurs de Code civil* qui se plaignent sans cesse de n'avoir pas le temps d'enseigner toutes leurs matières en trois ans, qui laissent souvent, à la fin de leur cours triennal, un arriéré considérable, ils trouveraient dans le doublement du nombre de leurs leçons, le temps qui leur manque aujourd'hui non-seulement pour faire un cours complet, mais encore pour y ajouter des notions historiques et pour le faire précéder d'un *cours d'introduction.*

Chacun des *trois professeurs de Code civil* consacrerait la première année de son cours triennal à un *cours d'introduction à l'étude du droit*, lequel comprendrait, dans le *premier semestre*, les *notions élémentaires de philosophie et d'histoire du droit*, un *exposé de toutes les matières que renferme cette science;* dans le *second semestre*, l'*exposé des principes généraux du Code civil.* Dans les deuxième et troisième années le professeur expliquerait d'une *manière approfondie tout le Code civil.* C'est le plan très-sage qui a été tracé par les articles 43 et 44 de l'instruction du 19 mars 1807.

Voici, dans le système que je viens d'indiquer, comment les différents cours pourraient être répartis :

Première année.

Droit constitutionnel. Tous les deux jours (ce droit auquel toutes les autres parties de la science sont subordonnées, doit être enseigné au début des études).

Introduction à l'étude du droit. Tous les jours.

Institutes de Justinien avec les éléments de l'*histoire du droit romain.* Tous les deux jours.

Deuxième année.

Doit civil approfondi. Tous les jours.
Droit administratif. Tous les deux jours.
Procédure civile. Tous les deux jours.

Troisième année.

Droit civil approfondi. Tous les jours.
Droit commercial. Tous les deux jours.
Droit criminel. Tous les deux jours.

Quatrième année (doctorat).

L'un des cours de Code civil approfondi. Tous les jours.
Droit romain, Pandectes. Tous les deux jours.
Économie politique. Tous les deux jours.

D'après ce projet, chaque professeur ferait *une leçon* et chaque élève *recevrait deux leçons* par jour; l'enseignement recevrait toute l'extension désirable, et il y aurait pour le doctorat un enseignement spécial qui n'existe pas aujourd'hui dans les Facultés de province. Une augmentation dans les travaux des professeurs motiverait une amélioration dans la position pécuniaire des professeurs de province qui se détériore de jour en jour, par suite de la diminution dans le nombre des étudiants, diminution qui est en raison directe du zèle des professeurs et de la sévérité des examens.

Si, parmi les professeurs actuels, il s'en trouvait quelques-uns qui ne voulussent pas, ou ne pussent pas se charger du nouvel enseignement qui leur serait imposé, ces professeurs pourraient être autorisés à charger de cet enseignement un agrégé, en lui abandonnant *mille francs* de leur traitement. Il serait utile, pour que le service ne fût jamais arrêté, de placer au moins *trois agrégés* dans les Facultés de province.

3° *Surveillance de l'enseignement.*

Quelques professeurs n'épuisent pas les matières qu'ils sont chargés d'enseigner; ils laissent de côté aux examens tout ce qu'ils n'ont point enseigné, de telle sorte que la plus grande partie des élèves sortent de l'école sans avoir la moindre idée de matières souvent importantes. Voici le moyen de remédier à cet inconvénient.

A la fin de l'année scholaire, chaque professeur enverrait au ministre le programme du cours de l'année suivante; à la fin de chaque semestre, il enverrait le programme des matières enseignées dans le temps qui vient de s'écouler, programme certifié par le doyen. On verrait alors s'il a rempli sa tâche, et, suivant les circonstances, on lui donnerait des avis, on lui adresserait des injonctions ou des réprimandes, etc., etc.

4° *Assiduité et travail des élèves.*

Le rapport au roi de 1838 signale l'insuffisance des moyens employés pour obtenir l'assiduité des élèves. Aujourd'hui, en effet, les certificats d'assiduité ne sont exigés qu'au moment où l'étudiant va subir son examen, c'est-à-dire au bout de l'année; le secrétaire les fait demander aux professeurs; tout se passe à l'insu des étudiants qui ne sont avertis que lorsqu'il y a un refus, ce qui est fort rare. Il en résulte qu'un élève de première année, par exemple, qui a été peu exact à suivre les cours pendant le premier trimestre, ne recevant aucun reproche, l'est beaucoup moins pendant les autres. Si, à la fin de l'année, on lui refusait ses certificats, il perdrait une année de travail; le professeur recule devant cette conséquence, et faiblit presque toujours. L'usage s'est aussi introduit, dans beaucoup de Facultés, de délivrer les certificats d'une manière indirecte; ainsi, par exemple, on soumet au professeur une liste de noms, il appose sa signature au bas, en indiquant seulement les noms de ceux auxquels il refuse l'autorisation de se présenter à l'examen; ou bien il met à la suite de chaque nom un *oui* ou un *non*. Il résulte de ces différents procédés que l'idée de l'assiduité et des certificats qui devraient la constater se perd et que les prescriptions des règlements ne sont pas observées. Voici ce que je crois utile d'établir.

Chaque professeur devrait faire au moins *un* appel par semaine; l'étudiant qui aurait manqué sans excuse valable à plus *du tiers* des appels pendant un trimestre, ne pourrait obtenir de certificat d'assiduité pour ce trimestre.

Un étudiant ne pourrait prendre une inscription (autre que la première) sans déposer au secrétariat ses certificats d'assiduité pour le trimestre écoulé; cette mesure devrait être exécutée *à la lettre*, c'est-à-dire sans équivalents, de sorte que chaque professeur signât un certificat pour chaque élève. L'étudiant qui ne serait pas porteur des certificats, n'en serait pas moins tenu de suivre les cours, il serait inscrit sur un registre particulier, porté sur les listes des professeurs avec une mention spéciale, assujetti aux appels, et il ne pourrait prendre d'inscription utile, qu'après avoir obtenu, par une assiduité exemplaire, les certificats qui lui avaient d'abord été refusés; sa famille serait avertie.

En même temps qu'on augmenterait de sévérité pour l'assiduité, il serait très-utile, pour tarir la source des certificats de complaisance, d'aller au devant de quelques difficultés qui se présentent de temps à autre. Il arrive quelquefois qu'un homme qui a interrompu son droit veut le terminer; qu'un ancien avoué, qu'un notaire veulent prendre le grade de licencié; qu'un magistrat veut acquérir le doctorat. On conçoit très-bien que des hommes, dans cette position, ne puissent venir s'asseoir sur les bancs avec des étudiants de vingt ans; il en résulte des certificats de complaisance, et une fois l'abus admis, il s'étend bien vite à une foule d'autres cas.

Il me semble qu'il y a là un besoin légitime à satisfaire; qu'il serait utile d'établir quelques exceptions, et de réserver l'appréciation des cas dans lesquels elles pourraient être accordées, au ministre, au lieu de l'abandonner à la discrétion des professeurs. Il ne s'agirait que d'accorder, plus souvent qu'on ne le fait dans les Facultés de droit, *des allocations d'inscriptions*, ainsi que cela a lieu fréquemment dans les Facultés de médecine, notamment à l'égard des officiers de santé des armées de terre et de mer. *Ces allocations* ne devraient être accordées qu'à des personnes déjà avancées en âge, qui auraient commencé autrefois des études de droit, ou du moins rempli pendant plusieurs années des fonctions qui exigent la connaissance de quelques règles du droit, telles que celles de notaire, d'avoué, de juge de paix, etc., etc. ; elles seraient prononcées par le ministre, en Conseil royal, sur l'avis des Facultés. La dispense du temps d'étude ne pourrait entraîner la dispense des examens, et les épreuves sérieuses auxquelles on soumettrait les candidats, rendraient ces exceptions sans danger. Quel que soit le parti qu'on prenne, il est important de s'expliquer d'une manière bien positive sur les obligations des aspirants au doctorat quant à l'assiduité. Par suite d'un abus trop commun, beaucoup d'aspirants au doctorat se dispensent de suivre les cours et sont admis aux examens sur des certificats de complaisance. Cet abus, qui a pour cause principale l'absence d'un enseignement spécial pour le doctorat, dans les Facultés de province, disparaîtrait facilement si l'on adoptait le plan que j'ai proposé pour augmenter le nombre des cours.

5° *Des examens.*

L'établissement des sessions d'examens a été une grande amélioration ; il reste encore un pas à faire, c'est de restreindre la trop grande latitude laissée aux étudiants dans la détermination du moment où ils doivent subir leurs examens. D'après les règlements actuels, les étudiants ont, en province, cinq mois et demi (du 1er août au 15 janvier) et à Paris, huit mois et demi (du 1er au 15 avril), pour subir leur premier ou leur second examen ; ils peuvent subir les examens et la thèse de licence quand bon leur semble. Il résulte de cet état de choses que beaucoup d'étudiants travaillent fort peu, ou même ne travaillent pas du tout, comptant sur le temps qu'ils ont devant eux avant d'être obligés de subir un examen, et qu'arrivés ainsi au moment où ils ne peuvent plus reculer, ils passent des examens très-faibles, ou bien sont ajournés, ou bien encore ne se présentent même pas. Dans les deux derniers cas ils ne peuvent plus prendre d'inscription et sont ainsi forcés de suspendre le cours de leurs études, au grand préjudice de leurs parents.

Examens de Baccalauréat. — Il faudrait qu'au mois d'août de chaque année la Faculté déterminât, par la voie du sort, l'ordre dans lequel les étudiants de première et de seconde année seraient appelés à subir leur premier ou leur second examen ; ceux qui ne se présenteraient pas, et ceux qui seraient ajournés, seraient appelés de nouveau de la même manière, dans la première quinzaine de novembre, et aucun ne pourrait prendre l'inscription s'il n'était reçu. Cette mesure serait d'autant plus utile que les étudiants en retard ne peuvent suivre les cours avec fruit, occupés qu'ils sont à acquérir, à la hâte, les connaissances dont ils ont besoin pour subir un examen arriéré.

Examens de licence.—Restent les deux examens et la thèse de licence ; le premier examen peut être subi au mois de janvier, il porte sur le droit romain dont les élèves n'ont pas entendu parler depuis la première année d'étude ; le second examen, qui peut être subi au mois d'avril, porte sur le droit français, le droit commercial, le droit administratif. Enfin l'année se termine par la thèse de licence qu'on peut soutenir au mois d'août.

Ces trois examens accumulés dans une année imposent un travail trop considérable aux étudiants; la nécessité de revoir tout le droit romain vient faire une fâcheuse diversion à l'étude des droits civil, commercial et administratif; je serais d'avis de le supprimer, convaincu qu'il est sans utilité pour les étudiants qui ne prennent que le grade de licencié, sauf à exiger le doctorat, qui impose de nouvelles études de droit romain, pour l'admission dans les fonctions de la magistrature. Afin de ne pas diminuer les recettes du trésor, on pourrait, pour compenser la perte des droits de cet examen, soit augmenter les droits des autres, soit augmenter les droits d'inscription.

Il faudrait aussi ne permettre de subir le second examen de licence qu'à la fin de l'année. En effet, la majorité des étudiants ne travaille qu'en vue des examens; si donc un étudiant peut se *débarrasser* de son second examen de licence dès le mois d'avril, il ne prend plus aucun intérêt aux leçons, il ne s'occupe plus que de préparer sa thèse. On remédierait à cet inconvénient en ne permettant de subir cet examen que lorsque tous les cours seraient terminés, c'est-à-dire au mois d'août; alors on pourrait lui appliquer la même règle qu'aux autres, c'est-à-dire déterminer par le sort l'ordre dans lequel les étudiants seraient appelés à le subir.

Thèse de licence. — Le renvoi de l'examen de licence à la fin de la troisième année aurait pour conséquence de placer l'acte public au trimestre de novembre, ce qui donnerait aux jeunes gens le temps de mûrir leurs études, et permettrait de substituer aux formes actuelles de la thèse, qui en font l'épreuve la plus facile à subir, un examen sérieux.

Voici, dans ces différentes hypothèses, le plan d'un système d'examen.

A la fin de chaque année, dans le mois d'août, les étudiants subiraient, autant que possible, devant les professeurs dont ils auraient suivi les cours, un examen sur les matières enseignées pendant l'année, le sort déterminerait l'ordre dans lequel ils seraient tenus de se présenter; s'ils ne se présentaient pas, ou s'ils étaient ajournés, ils seraient appelés de nouveau dans la première quinzaine de novembre. Ils ne pourraient être admis à prendre une nouvelle inscription qu'autant qu'ils auraient subi l'examen d'une manière suffisante.

Les épreuves pour la thèse auraient lieu dans le cours du trimestre de novembre, aux époques déterminées par la Faculté (A Paris on pourrait étendre le délai). Il faudrait ajouter à l'acte public actuel, qui est souvent rédigé par le répétiteur, des compositions écrites dont les sujets pourraient être pris dans toutes les matières de l'enseignement, et s'assurer, dans l'examen oral que le candidat n'a pas oublié ce qu'il savait lorsqu'il a subi les examens antérieurs. Je proposerais aussi, pour donner plus de solennité à cet acte, de le faire subir devant une commission mixte, composée de professeurs et de magistrats, et présidée, autant que possible, par un inspecteur général des écoles de droit, ce qui rentre dans la mission qui leur a été donnée par la loi du 22 ventôse an XII (Art. 8). Cet examen servirait ainsi, non-seulement à contrôler la capacité et la science des étudiants, mais encore à faire connaître la nature de l'enseignement des différentes écoles, le zèle et le talent des professeurs; ce serait un moyen sûr d'obtenir que l'enseignement devînt complet partout, qu'une égale sévérité dans l'admission aux examens de fin d'année s'établît partout. Il suffirait, pour exécuter ce plan, de trois inspecteurs généraux (Le décret du 22 ventôse an XII en créait cinq, art. 1er). En effet, dans sept des Facultés des départements, il n'y a pas plus de quarante thèses par an, ce qui fait, pour chacune d'elles, une session de huit ou dix jours au plus. Les étudiants ajournés seraient renvoyés à l'année suivante, ce n'est pas trop d'un an pour refaire des études de cette importance.

Examens de doctorat. — Il y aurait donc, pour arriver à la licence, un examen à la fin de chacune des trois années d'étude et une thèse accompagnée d'épreuves écrites et orales au commencement de la quatrième année. Les épreuves pour le doctorat seraient composées comme elles le sont aujourd'hui, d'un examen sur le droit romain, d'un second examen sur toutes les matières de l'enseignement et d'une thèse qui devrait être une dissertation approfondie sur une des matières du droit.

Ainsi, Monsieur le ministre, des professeurs ayant passé par l'épreuve des concours et d'un noviciat qui aurait permis de les apprécier, s'occupant exclusivement de l'enseignement et de la science, trouvant un avancement gradué et un avenir proportionné à leurs services dans le sein de l'Université, faisant par jour une leçon de cinq quarts d'heure;

Un enseignement complet, sans augmentation de personnel, au moins pour les Facultés des départements, et moyennant une faible augmentation de dépense;

Des étudiants plus occupés, forcés d'être assidus, sous peine d'une interruption immédiate de leurs études, dont leurs parents seront avertis, obligés de subir un examen à la fin de chaque année ou au plus tard à la rentrée des vacances;

Un acte public pour la licence, prouvant à la fois la capacité des étudiants et le mérite de l'enseignement;

Telles sont les conséquences qui me semblent devoir résulter de la mise à exécution des mesures que j'ai l'honneur de soumettre à votre haute appréciation.

Permettez-moi, Monsieur le ministre, de vous remercier, en terminant, au nom des hommes qui s'intéressent à l'enseignement du droit, de tout ce que vous avez déjà fait pour lui. Votre nom est désormais attaché à une réforme qui doit avoir, sur l'avenir de notre pays, la plus heureuse influence.

Je suis,

Monsieur le Ministre,

Avec un profond respect,

De Votre Excellence,

Le très-humble et très-obéissant serviteur,

FOUCART.

RAPPORT fait à la Faculté de droit de Strasbourg dans sa séance du 17 avril 1845, pour préparer ses délibérations sur les questions à elle soumises par Son Excellence M. le ministre de l'instruction publique, Grand-Maître de l'Université.

Messieurs,

Son Excellence M. le ministre de l'instruction publique, Grand-Maître de l'Université, ayant chargé M. le doyen, par sa lettre du 29 mars dernier, d'appeler les délibérations de la Faculté sur les diverses questions indiquées dans le rapport que Son Excellence a soumis au roi le 20 février dernier, sur l'état actuel des études et des Facultés de droit, sur les améliorations qui y ont été introduites pendant ces dernières années, et sur celles que leur régime peut réclamer encore, et la Faculté ayant désiré qu'un rapport préliminaire préparât la discussion, je viens m'acquitter de l'honorable mission dont elle a bien voulu me charger dans sa séance du 3 du courant, en essayant de développer et de motiver son avis sur les vues exposées dans le rapport de M. le ministre, concernant l'enseignement du droit et des sciences politiques et administratives.

Le rapport débute par des considérations aussi justes qu'élevées, sur le haut enseignement en général, et notamment sur celui des lettres. Quelque intime que soit la relation entre cet enseignement et celui du droit qui profite directement de tous les progrès réalisés par le premier, la Faculté, pour ne pas sortir de sa compétence spéciale, ne croit devoir s'arrêter à cette partie importante de l'exposé de M. le ministre, que pour applaudir sincèrement à la haute et judicieuse pensée qui l'a dictée, et pour exprimer le vœu pressant qu'elle soit réalisée le plus complétement et le plus promptement possible.

La faculté a lu avec autant de satisfaction que de reconnaissance la belle appréciation que M. le ministre fait de l'importance des études du droit, sous le double rapport scientifique et pratique, et la grande influence qu'il leur attribue, avec tant de vérité, sur le développement de la nationalité française. A part leur vérité morale et absolue, ces paroles ont encore, pour la Faculté, dans la bouche de M. le ministre, cette précieuse signification, qu'elles témoignent hautement de l'intérêt chaleureux et de la conviction puissante que M. le ministre Grand-Maître mettra à faire prévaloir les larges vues de l'homme d'État, dans un ordre d'études et de facultés qui a été tant de fois entravé dans ses légitimes développements par des vues étroites, routinières et surannées L'homme d'Etat comprend et apprécie l'influence puissante des idées morales, politiques et sociales, à une époque de transformation et de réorganisation; le ministre, revendiquant pour la science la mission modératrice, qu'elle n'abdiquerait qu'au grand détriment des plus graves intérêts, saura investir les Facultés de haut enseignement de cette autorité morale et intellectuelle, qui épure et féconde les idées pour les élever au rang de principes, et qui les transmet sous forme de convictions et de doctrines pratiques aux générations appelées à nous remplacer dans la carrière, à développer et à consolider les destinées de notre belle patrie. Cette sollicitude éclairée de M. le ministre pour la dignité, la considération et l'influence des Facultés, s'est d'ailleurs manifestée, dès l'époque de son premier ministère, d'une manière aussi énergique que bienfaisante, et les Facultés de droit en particulier, ont eu à se féliciter, non-seulement de la création et de la judicieuse composition de la commission des hautes études du droit, qui a exercé une action si directe sur les améliorations partielles qui ont été réalisées dans l'intervalle, mais encore du bel et large exposé des besoins du haut enseignement du droit, par lequel M. le ministre a inauguré les travaux de la commission. Et quand, dès les premiers jours de son retour au ministère, les Facultés ont vu M. le ministre reprendre, avec la même ardeur et avec la même fraîcheur de conviction, une œuvre si fatalement interrompue; quand elles l'ont vu invoquer avec une nouvelle confiance les hautes lumières et le patriotisme de la commission des hautes études, en lui soumettant comme un complément d'instruction sur le grand intérêt confié à leurs efforts communs; quand enfin les Facultés se sont senties associées, pour la seconde fois, à une collaboration directe dans une œuvre si sainte et si élevée, pour laquelle M. le ministre fait un appel si cordial à leurs lumières et à leur expérience, comme à leur confiante franchise, elles ont conçu le légitime espoir que le moment était enfin venu pour elles d'aspirer à une activité plus pleine, à une influence, à une consolidation plus dignes de la grave mission qui leur est imposée, et du chaleureux dévouement qui n'a cessé de les animer.

En abordant la discussion des questions que soulève le rapport du 20 février dernier, la Faculté s'applaudit des utiles améliorations introduites depuis six ans dans le régime du haut enseignement du droit, et qui, toutes, étaient contenues en germe dans l'exposé de M. le ministre du 30 juin 1838. La restitution qu'on lui a faite du droit d'être représentée dans le sein du Conseil royal de l'instruction publique, lui est apparue comme un acte de justice réparatrice, et elle a accueilli au même titre le rétablissement, au moins partiel, de l'inspection générale, dont elle se plait à reconnaître la haute importance. Elle se félicite encore d'une façon particulière, de l'institution d'un système bien conçu de prix pour les élèves des Facultés, parce qu'elle a été à même d'apprécier l'heureuse influence de l'émulation sur leur conduite et sur leurs progrès, et qu'en outre les travaux remarquables de quelques-uns de ses lauréats sont devenus pour elle comme la démonstration du succès de ses efforts et du bon esprit de ses élèves. Il serait sans doute possible d'étendre encore et de consolider la bienfaisante influence de cette heureuse conception; mais peut-être sera-t-il utile de ne tenter de tels essais qu'après que l'expérience aura donné plus de maturité aux élèves.

La constitution des cours libres a été un bienfait, dans ce sens qu'elle a donné la sanction publique à une idée aussi féconde qu'utile, et dont la pratique séculaire a eu une si grande part dans le brillant développement qu'ont pris les Universités d'un pays voisin. La Faculté de droit de Strasbourg a applaudi d'autant plus vivement à cette création, qu'elle y a trouvé la consécration d'une pratique suivie dans son sein depuis un quart de siècle. Mais elle n'en doit pas moins convenir que cette institution ne sera appelée à un véritable succès qu'après que le régime des élèves et des examens aura subi une transformation profonde, et aura ainsi entraîné de graves modifications dans le système des cours obligés. L'expérience prouve tristement que l'insouciance, pour ainsi dire légale des élèves, laisse dans un abandon coupable les cours libres, et glace ainsi nécessairement le dévouement des maîtres.

La Faculté n'a pas d'avis à donner sur la vacance prolongée de deux chaires d'enseignement, à Paris et à Toulouse; mais elle apprécie parfaitement les inconvénients que cette vacance entraîne. Celle de Toulouse semble pouvoir être remplie par nomination directe, parce que la chaire n'a encore jamais été occupée. Comme les deux chaires sont d'enseignement spécial, il conviendrait peut-être de n'y pourvoir que d'après le nouveau mode qui paraît être dans les intentions de l'autorité, et, sans doute, aussi dans les désirs de beaucoup d'hommes spéciaux et compétents.

Les graves inconvénients de la confusion, dans une même chaire, de deux enseignements aussi disparates qu'ils sont étendus et importants, de la procédure civile et du droit criminel, sont si universellement sentis, et la Faculté s'est déjà prononcée si péremptoirement à cet égard, qu'il ne lui reste qu'à exprimer une fois de plus à M. le ministre, son désir pressant qu'il soit prochainement mis un terme à cet état des choses. Cependant elle est heureuse d'avoir le droit de ne pas prendre pour elle le reproche grave adressé par M. le ministre aux Facultés, sur l'abandon coupable de l'enseignement du droit criminel. A aucune époque elle n'a mérité ce reproche, mais jamais moins que depuis 1825, époque de l'entrée en fonctions du titulaire actuel, qui n'a pas reculé un seul instant devant l'énormité de sa tâche, et qui a su trouver, grâce à la publication de deux excellents manuels sur les deux parties de son enseignement, et à un zèle qui lui fait consacrer cinq leçons par semaine à ses cours, le moyen de conduire de front l'explication de trois Codes et le développement approfondi de deux sciences si parfaitement distinctes.

La grande question, le principal objet du rapport au roi, a trait à la création d'un enseignement politique et administratif. Ce sujet, légèrement touché dans l'exposé fait par M. le ministre lors de l'installation de la commission des hautes études, en juin 1838, trouve les plus amples et les plus judicieux développements dans le rapport du 20 février. Ces développements témoignent des convictions arrêtées auxquelles M. le ministre est arrivé sur l'évidente urgence d'un enseignement dont l'utilité a cessé d'être problématique. Ces convictions dispensent dès lors la Faculté de toute démonstration supplémentaire sur la haute importance pratique de ces études. Il ne lui reste, sous ce rapport, qu'un seul vœu à former; c'est qu'après que ces études seront organisées, elles deviennent sérieusement obligatoires pour tous ceux qui aspireront aux carrières politiques et administratives.

Mais il est un autre point de vue, auquel il appartient peut-être à la Faculté de s'arrêter, parce que de lui dépend directement la solution de la question sur la distribution et l'organisation de ces études. Ce point de vue est celui de l'intime union scientifique et pratique, qui subsiste entre les études juridiques et les études politiques, et du parallélisme constant qui en lie toutes les parties.

Et en effet, n'y a-t-il pas pour les deux, le droit et la politique, identité parfaite du point de départ, l'homme être sociable, libre et perfectible, que tous ses instincts comme tous ses devoirs retiennent dans les liens de coexistence avec ses semblables?

Cette identité parfaite ne subsiste-t-elle pas aussi quant au but final, que ces deux branches de la même science poursuivent, malgré la diversité apparente de leurs buts prochains, et qui n'est autre que la garantie et le développement régulier de la plénitude des intérêts de l'individu et de ceux d'une commune civilisation?

Puis, n'y a-t-il pas pour les deux identités des sources dans lesquelles ils puisent leurs éléments, et qui sont d'un côté la nature physique, intellectuelle et morale de l'homme, de l'autre, son existence et son développement dans les conditions de la vie empirique, en d'autres termes, la raison et l'expérience?

Enfin, cette même identité ne se retrouve-t-elle pas dans la concordance nécessaire et dans la dépendance réciproque de leurs moyens d'actions? Mais la démonstration de ce point ressortira surabondamment de la suite de cette déduction.

Dès lors, la séparation que la routine, l'ignorance et les préjugés se sont appliqués à élargir entre ces deux parties d'une même science, entre ces deux faces d'un même sujet, ne sauraient avoir d'autre fondement raisonnable que le besoin légitime d'une sorte de division du travail, qu'elles ont opéré dans leur domaine, afin de mieux s'acquitter chacune de la part qui lui advient dans l'accomplissement de la tâche commune, mais dont le bon succès dépend invariablement et essentiellement du maintien de l'unité théorique de leurs tendances et de leurs travaux.

Dans ce partage, le droit se réserve la fixation des principes sur lesquels doivent être tracées les formes inviolables de la coexistence sociale, les sphères de droits et d'obligations, de liberté et d'ordre tant des individus que du corps social, afin de leur assurer, avec l'inviolabilité de leur existence individuelle et distincte, toute la liberté d'action et toutes les garanties civiles dont ils ont besoin pour le développement régulier de leur destinée individuelle et collective.

A son tour la politique, se préoccupant directement de la mise en mouvement et de la direction des forces actives qui doivent vivifier et remplir les formes d'existence tracées par le droit, s'attache avant tout au développement et à la régularisation de la vie collective et sociale, en même temps qu'elle s'applique à seconder tous les intérêts légitimes de la vie individuelle dans la mesure des forces de l'être collectif que nous nommons l'Etat, et dont le développement normal, la puissance et le bien-être devient nécessairement la garantie et l'instrument du développement normal de la liberté et du bien-être des individus.

De cette manière — et pour le redire, au risque de devenir fastidieux, — le droit est la science des formes fondamentales de la vie individuelle comme de la vie collective et sociale, sans le maintien inviolable desquelles l'une et l'autre seraient à tout jamais impossibles, parce que la garantie de leur existence et de leur libre développement n'existeraient pas pour elles. Dès lors les principes du droit sont la condition première et sacrée de tout établissement social; hors d'eux il ne saurait y avoir qu'anarchie, oppression, barbarie et dégradation; et ceci est une vérité tellement instinctive que les règles d'un droit quelconque ont été en tout temps les premiers rudiments de toute coexistence humaine, quelque rude, quelque grossière qu'elle fût.

Cette sainteté, cette universalité, cette nécessité primordiale et instinctive des règles du droit expliquent parfaitement la dignité, l'ancienneté et l'universalité relative de la science du droit, qui est contemporaine et comme antérieure aux premiers essais de la civilisation humaine.

Mais cette science des formes de l'existence individuelle et de l'existence sociale, toute fondamentale et sacrée qu'elle soit, n'est pas par elle même ou par elle seule la science de la vie sociale individuelle et collective. Gardienne vigilante des droits de tous, — individus et corps social, — elle n'intervient qu'autant qu'ils transgressent la sphère de leur liberté, de leur indépendance civile respective; mais, aussi longtemps qu'ils s'y maintiennent, elle abandonne à leur libre arbitre, à leur habileté, à leur sagesse, à leur conscience, l'usage des forces et des moyens d'action dont ils disposent dans le sens de leurs intérêts. Et cette abstention elle se l'impose non-seulement vis-à-vis des individus, mais encore vis-à-vis de l'être collectif que nous nommons la société, le corps social ou l'Etat, lequel aspire, dans sa sphère, à la même liberté, à la même indépendance que les individus poursuivent. Or, cet être collectif a pour organe et pour agent le gouvernement (*sensu latissimo*), dont le devoir et la mission est de réaliser, par son habileté, par sa sagesse et par sa prudence, dans la sphère de liberté que le droit lui trace et lui garantit, tous les buts de bien-être collectif et de civilisation commune, qui sont dans la destinée du corps social.

Comme tous ces buts se résument dans le devoir de faire vivre et prospérer la cité, le système des maximes de sagesse et des règles de prudence, propres à y réussir, a emprunté à l'étymologie la dénomination de politique ou science politique, expression bien compréhensible quand on l'interprète dans le sens des intérêts vastes et sacrés qui lui sont confiés. Science bien élevée si on considère que c'est de la vérité et de la rectitude de ses principes que dépend directement le bon succès des destinées humaines, mais en même temps science qui n'atteint toute sa dignité et toute sa consécration qu'autant qu'elle sait réaliser ses fins en respectant les maximes fondamentales de la justice, c'est-à-dire les principes immuables, protecteurs de la liberté commune, que le droit lui trace.

Sans le droit, la politique ne serait qu'un fatras de maximes et de pratiques arbitraires poussant au débordement violent et irrégulier des passions les plus contraires; mais, à son tour, le droit sans la politique ne serait qu'une formule vide, une abstraction inféconde, un jeu stérile de la pensée, une science vaine, étrangère aux besoins et aux intérêts de la vie réelle. Les progrès féconds de l'une et de l'autre sont impérieusement subordonnés à la bonne harmonie qu'elles entretiennent entre elles, et à un mutuel échange de services et de lumières. Si, pour caractériser d'un seul trait la nature et l'intimité des rapports qui unissent le droit et la politique, il nous était permis d'emprunter une comparaison au monde physique, nous rappellerions l'anatomie et la physiologie, sciences distinctes, sans doute, par l'objet spécial de leur contemplation, — les formes, la structure du corps humain, — la vie, les forces qui l'animent; — mais en même temps sciences profondément unes dans leur objet ou leur but final et pratique, qui n'est autre que l'étude des lois prescrites au développement normal de notre organisation physique. Or, le droit, — la science des formes, de la structure ou de la constitution légale du corps social, — et la politique, — la science de la vie, des forces, du mouvement qui l'animent, — ont directement et exclusivement pour objet, pour but final et pratique le développement normal de notre organisation civile, politique et sociale; l'assimilation indiquée est donc entière, et l'indissoluble union théorique et pratique du droit et de la politique est démontrée. Cela est d'ailleurs si vrai, qu'il n'est pas une loi, pas la moindre, qui n'ait son côté politique, qui ne soit faite en vue de quelque utilité ou de quelque besoin social positif, ou qui n'ait besoin, pour son application pratique, pour sa mise en mouvement, de l'intervention de la politique, de même que tout besoin, tout intérêt social et politique doit, pour se développer régulièrement, sans lésion ni trouble, et pour éviter l'arbitraire, se soumettre à la consécration de quelque règle légale, ou, en d'autres termes, à l'intervention du droit.

Et pour terminer : A-t-il jamais été permis à un jurisconsulte, digne de ce nom, d'ignorer les motifs des lois qu'il est appelé à enseigner, à interpréter, à appliquer? Or ces motifs que sont-ils, si ce n'est le côté politique des lois, c'est-à-dire le côté par lequel elles touchent aux intérêts actifs et vivants de la vie sociale, — collective et individuelle? — Et l'administrateur, l'homme d'Etat qui, dans la préoccupation exclusive de l'intérêt qu'il poursuit, viendrait à oublier les dangers auxquels l'aveuglement de son zèle exposerait la sainteté des droits individuels et sociaux consacrés par les lois, que serait-il autre chose qu'un fanatique ignorant, artisan fatal de coup d'Etat et de bouleversements?

Nous demandons pardon de la longueur de la déduction que nous venons de terminer; mais nous avons eu besoin de fournir la démonstration rigoureuse de l'indissoluble union qui, dans le domaine de la pensée et de la science, non moins que dans celui de la vie pratique, lie entre eux le droit et la politique, avant d'aborder la discussion des propositions de M. le ministre concernant l'organisation des études politiques et administratives. Si notre démonstration est vraie, elle entraîne impérieusement la solution de la question, intempestivement soulevée par certains écrivains:

« S'il convient de séparer l'enseignement des sciences politiques et administratives de celui « du droit, pour le confier soit à quelque école spéciale ou de service public (conception, à « notre avis, bien étroite et bien insuffisante, parce qu'elle ne saisit que le petit côté d'un im- « mense intérêt), soit à des Facultés spéciales et distinctes des Facultés de droit. »

Nous le demandons encore une fois : Sous quel prétexte peut-il être permis au jurisconsulte instruit de rester étranger aux intérêts vivants et actifs de la société, ou, en d'autres termes, d'ignorer les motifs des lois? Et, à son tour, à quel triste et pernicieux rôle se dévouerait le prétendu administrateur dont les velléités arbitraires ne seraient pas contenues par un respect éclairé des libertés garanties par les lois? Poser ainsi cette question, c'est la résoudre; nous n'y reviendrons donc plus, et nous ne courrons aucun risque d'en compromettre la solution, quand nous nous hâterons d'ajouter que nous n'entendons nullement contester, pour les carrières pratiques, la nécessité de la distinction entre le jurisconsulte et l'administrateur. Le besoin de la division du travail, l'étendue immense des intérêts que ces deux carrières embrassent, comme des connaissances et des études qu'elles supposent, non moins que la différence des habitudes d'esprit et presque de caractère auxquelles leur bon exercice est subordonné; enfin, l'organisation même du gouvernement et la distribution des pouvoirs sont autant de raisons péremptoires pour maintenir cette distinction. Mais, dans l'ordre d'idées que nous poursuivons, nous sommes sur le terrain de la science, ou pour mieux dire nous discutons le programme des connaissances et les moyens d'éducation complète à mettre à la portée des jeunes intelligences; nous avons à les former dans le meilleur intérêt de leurs futures carrières, et nous avons le devoir sacré de les initier dans la plénitude de convictions, de lumières et d'aptitudes dont ils ont besoin pour les remplir dignement. Telle est la portée, tels sont les motifs des développements que nous venons de présenter.

Par une conséquence directe de ce qui précède, il est évident que les études pour les deux ordres de carrières seront communes sur un grand nombre de matières; et, s'il en fallait la preuve, nous ne citerions que le seul programme de la Faculté de droit de Paris auquel, certes, aucun jurisconsulte instruit ne fera le reproche de renfermer des enseignements inutiles à l'intelligence et à l'application des lois. Or, quelles sont, demanderons-nous, parmi ces matières celles qui devraient être rejetées, comme inutiles, du cours d'études des candidats aux carrières administratives et politiques? Après un examen sérieux nous ne trouvons guère que le cours de Pandectes et de Code civil approfondi dont ils puissent être dispensés, parce qu'un cours d'Institutes et un cours élémentaire raisonné et complet de Code civil suffiront aux besoins de leur future carrière. Si on peut accorder qu'une connaissance détaillée de la procédure civile présente pour eux moins d'intérêt, on n'ira jamais jusqu'à les dispenser d'en étudier au moins les éléments. L'histoire du droit et des institutions publiques, bien faite, a une portée trop élevée et trop éducatrice pour ne pas occuper sa place dans un cadre d'études pour la carrière des fonctions publiques dans un pays tel que la France. Il en est de même de tous les autres cours de la Faculté de Paris sans exception, et parmi ceux-ci il en est qui ont une importance toute spéciale pour les futurs administrateurs : tels les cours de droit constitutionnel, de droit administratif, de droit des gens.

On voit donc que les études pour les carrières administratives et politiques sont liées indissolublement aux Facultés de droit, et que les en détacher, pour les isoler, ce serait ou priver ces études de leur base et comme de leur consécration, ou se condamner à des doubles emplois d'autant plus mal entendus et plus coûteux, que le complément légitime des études juridiques exige, à son tour, certains cours dits de sciences politiques. Mais cette nécessité est trop reconnue, pour qu'il soit utile de s'arrêter à en faire la démonstration. Où prétendra-t-on que le droit des gens, le droit public et constitutionnel, l'économie politique, la statistique, pourront continuer à rester exclus de l'enseignement des Facultés de droit? Mais pourquoi combattre des objections vaines ou des craintes chimériques, en présence du riche programme que M. le ministre, Grand-Maître, discute dans son rapport, et qui, à lui seul, démontre de quelle hauteur il apprécie les besoins de culture intellectuelle et de connaissances positives des futurs magistrats et fonctionnaires de la société française? Mais qu'on nous permette quelques rapides observations sur les détails de ce programme, qui comprend le cadre complet— non d'une Faculté spéciale des sciences politiques et administratives, — ni celui d'une Faculté spéciale de droit, — mais bien celui d'une Faculté complète de droit et de sciences politiques et administratives, telle que le meilleur intérêt des études, et l'honneur comme l'expérience de notre temps et de notre pays exigent que nous en voyons surgir dans toutes les villes de France, siéges actuels des Facultés de droit.

Dans le programme de M. le ministre, on trouve énumérées, comme objets de cours distincts, plusieurs matières qui pourraient être réunies avec avantage à d'autres dans les mêmes chaires, dont les unes existent déjà, tandis que d'autres seraient à créer. Ainsi :

Le droit des gens et l'histoire des traités pourraient et devraient même être réunis;

Le droit maritime public fait une partie intégrante et nécessaire de cette même chaire, tandis que le droit maritime privé revient essentiellement à la chaire du droit commercial;

La législation pénale militaire pourrait être rattachée avec quelque avantage à la chaire de droit criminel, si l'on venait à détacher de cette chaire l'enseignement de la procédure civile;

Le droit international, tel que M. le ministre le définit, rentre dans le droit privé et commercial comparé, qui serait bien digne de la création d'une chaire spéciale.

L'étude de notre système de gouvernement et d'administration rentre, pour sa partie légale, dans le droit constitutionnel et dans le droit administratif; et, pour sa partie politique et administrative, il exigerait une chaire très-importante et spéciale de statistique et d'administration publique.

D'autre part, les institutions comparées des grands gouvernements représentatifs, ou même d'après un point de vue plus général, des différentes formes des gouvernements contemporains, devraient faire l'objet d'une chaire nouvelle de droit public comparé.

Enfin, quant au droit ecclésiastique dont personne ne sera tenté de contester l'importance, il y aurait peut-être quelque inconvénient à lui consacrer une chaire spéciale, ne serait-ce que par le danger de réveiller des querelles assoupies, en revenant sur des questions définitivement tranchées par notre nouvel ordre social. Les *Jura circa sacra*, les seuls qui importent pour le maintien équitable des droits de l'empire, font nécessairement partie du droit administratif, tandis que l'appréciation historique du droit ecclésiastique et sa décisive influence sur notre ancien droit public, judiciaire et privé appartient tout naturellement au cours d'histoire du droit.

C'est aussi dans ce dernier enseignement que notre ancien droit coutumier occupera une place large et honorable, en même temps que les professeurs de droit civil initieront leurs élèves dans la connaissance de l'influence puissante que les coutumes ont exercée sur notre nouvelle législation.

Enfin, une chaire spéciale d'économie politique et de finances exposera aux élèves les lois de l'économie sociale, en même temps qu'elle leur donnera la connaissance complète et approfondie de notre système d'impôts et de nos institutions financières.

S'il nous était permis de compléter par un seul cours le programme d'études tracé par M. le ministre, nous réclamerions, mais avec instance, la création d'une chaire d'histoire politique et diplomatique des trois derniers siècles. Ce cours, fondamental pour les études diplomatiques, et auquel se rattacherait directement le cours de diplomatie pratique, n'offre pas moins d'intérêt aux candidats des carrières administratives, et le caractère spécial que cet enseignement devrait avoir pour suffire aux besoins de ces diverses catégories d'élèves, ne permet guère d'espérer que les Facultés des lettres puissent facilement y pourvoir.

Après ce que nous avons dit plus haut, nous ne nous arrêterons plus à faire le partage exact des matières d'enseignement qui seraient spéciales à chacune des deux grandes divisions d'élèves; on sait que ce serait le petit nombre. Mais nous sommes parfaitement de l'avis de M. le ministre sur la convenance d'un double ordre de grades pour ces deux divisions;

l'une la division ou section juridique, l'autre la section politique ou administrative.

Rien de plus naturel et de plus simple que de leur appliquer le même régime académique, et de soumettre les divers ordres de chaires à la direction d'un même doyen, qui serait choisi indistinctement ou alternativement parmi les professeurs de droit ou parmi ceux des sciences politiques. Quant aux examens et à la spécialité des grades, l'Université trouvera dans les Facultés des sciences qui confèrent aussi un double, même un triple ordre de grades, un exemple d'une application facile.

La Faculté partage pleinement les convictions satisfaisantes de M. le ministre, concernant la décisive et heureuse influence que des études aussi largement organisées ne tarderaient pas à exercer sur les élèves de nos Facultés et, par eux, sur la chose publique tout entière. Une émulation énergique et nouvelle s'emparerait de ces jeunes intelligences, et l'élévation du but à atteindre, non moins que la richesse et la nouveauté d'un enseignement qui les mettrait dans un rapport si immédiat avec les besoins et les intérêts de leurs futures carrières, les aiderait puissamment à traverser avec moins de danger des années fatales, et à franchir heureusement, avec le secours d'une organisation habile du stage pratique, la distance qui les sépare de leur entrée dans une carrière active.

Dans la suite de son rapport, M. le ministre traite les questions touchant la constitution du professorat et notamment celle de l'agrégation. Ici, la Faculté peut se référer pleinement aux réponses par elles fournies dans sa délibération du 6 mars 1839, où elle a hautement applaudi à l'institution de l'agrégation comme d'un professorat de premier degré, dans le sein duquel se recruteraient les professeurs titulaires des chaires. Comme toutes les idées simples et vraies, celle-ci a grandi et s'est fortifiée par le seul bénéfice du temps, et le projet paraît arrivé à cette maturité qui en fait vivement désirer la réalisation. Quant aux ordres d'épreuves qui devront lier les deux degrés du professorat, la Faculté pense que le droit de donner des cours libres, sous une certaine surveillance de la part des Facultés, devra être une condition préalable à toute utile initiation, et fournir sinon les seuls, du moins les principaux titres d'aptitude pour passer à une chaire.

La Faculté applaudit avec empressement et reconnaissance à l'esprit d'équitable et bienveillante justice qui porte M. le ministre à ouvrir aux professeurs de province la perspective encourageante d'être appelés à des chaires qui deviendraient vacantes à la Faculté de droit de Paris. Cette mesure serait décisive pour rendre courage et conscience de sa propre force au professorat dans les provinces, et pour le relever de son long abattement. Nous croyons même que cette mesure pourrait être utilement généralisée, en ce sens que le passage pourrait avoir lieu de telle Faculté de province à telle autre, en cas de vacance de chaire, pour tout professeur en exercice qui en adresserait la demande directe, laquelle serait soumise à la pleine et souveraine appréciation de M. le ministre, qui aurait ainsi un moyen puissant de récompenser le mérite, en même temps que d'écarter la médiocrité prétentieuse. Cette seule mesure, cette candidature légale et permanente de tous les professeurs titulaires à toutes les chaires vacantes dans les différentes Facultés du royaume, serait regardée par le professorat des provinces comme un immense bienfait et comme une réparation légitime dans l'ordre des satisfactions morales et intellectuelles.

Nous voici arrivés au terme des développements qui se rapportent aux questions consignées dans le rapport au Roi du 20 février, et communiquées à la Faculté par M. le ministre, sous la date du 29 mars. Mais une seconde lettre de Son Excellence, en date du 8 avril, demande l'avis de la Faculté « sur les inconvénients pour la dignité du professorat qu'entraîne « le cumul des fonctions de professeur avec celles d'avocat. »

Cette question est délicate; elle peut même prendre de la gravité dans certaines conjonctures possibles. La Faculté y a répondu, le 6 mars 1839, dans les termes suivants :

« La Faculté pense que l'Université doit trouver une garantie suffisante dans la délicatesse « de conscience des professeurs et dans l'efficacité des règlements. »

Cette réponse, elle y persiste aujourd'hui encore, parce que, depuis 1839, elle n'a acquis l'expérience directe d'aucun fait de nature à porter atteinte à la dignité du professorat ou aux devoirs qu'impose l'enseignement, quoiqu'elle comprenne parfaitement que la sollicitude de l'Université puisse s'alarmer d'abus possibles et essayer de les prévenir par la voie des règlements. Mais qu'en ce cas l'Université veuille bien ne pas oublier deux choses :

L'une, que ce n'est pas à raison d'aucune opposition ou collision de dignité que les deux carrières seraient inconciliables; loin de là, on peut même considérer comme fort utile au succès de l'enseignement, que les professeurs des chaires de droit pratique aient passé par le laborieux noviciat de la plaidoirie, et conservent à côté de leur enseignement l'habitude de la consultation;

L'autre, qu'il est aussi naturel que conforme aux droits et aux intérêts d'un homme instruit et actif d'utiliser, dans l'intérêt de sa considération et de ses devoirs de famille, les longs loisirs que lui fait la dépression actuelle du professorat de province, exclu à la fois, sinon de droit, au moins de fait, des satisfactions de l'activité littéraire, comme de l'espoir d'un avancement légitime ou de toute autre amélioration de sa position et qui trouve d'ailleurs, dans la modicité excessive de son traitement, une excitation pénible, mais puissante à se créer par quelque autre activité accessoire une situation pécuniaire moins réduite.

Et, en effet, quelle est cette situation au moment actuel? Le revenu des professeurs de toutes les Facultés, excepté sans doute de ceux de Paris, n'a-t-il pas considérablement décru depuis l'époque de sa fixation, sinon par la diminution du nombre des élèves, au moins par la dépréciation énorme de la valeur relative de l'argent, ou, ce qui revient au même, par le renchérissement prodigieux de toutes choses dans ces dernières quarante années? Le traitement fixe de 3,000 fr. de la loi de ventôse an XII a-t-il son équivalent dans le traitement fixe de 3,000 fr. de 1845? Puis les mœurs n'ont-elles pas créé depuis cette époque pour l'homme le plus sobre et le plus modeste des besoins, auxquels la dignité même de sa position lui interdit de se soustraire? Enfin, les exigences littéraires du professorat n'ont-elles pas triplé par l'immense développement qu'ont pris et la législation et la littérature juridique (et, pour le dire en passant, ces exigences pèsent bien plus lourdement encore sur les professeurs de la Faculté de droit de Strasbourg auxquels leur position limitrophe impose le devoir de suivre les travaux de la science allemande sur une branche capitale des connaissances humaines, que nos doctes voisins cultivent avec autant d'érudition que de sagacité)? Dès lors n'est-il pas évident que la seule marche du temps a réduit de moitié au moins les émoluments que le législateur de l'an XII avait rattachés aux positions universitaires? Et par conséquent n'y aurait-il pas rigueur, peut-être extrême, à interdire les profits honorables du barreau à un homme, que la confiance publique suit et soutient dans cette belle carrière ?

Cependant la Faculté se hâte d'ajouter qu'elle est unanime à déclarer : que tous ses membres renonceraient avec empressement, non au droit, mais à l'habitude de la plaidoirie, le jour où l'Université, prenant en considération la légitimité des observations qui précèdent, se déciderait à assigner un taux plus équitable au traitement du personnel des Facultés de droit. Elle s'en réfère pleinement à ce sujet à l'avis qu'elle a exprimé dans sa délibération du 6 mars 1839.

M. le ministre ayant autorisé la Faculté, par sa lettre du 29 mars, de lui communiquer ses idées sur telles autres questions du même ordre et de la même nature, elle croit devoir saisir cette occasion pour persister de nouveau, et sauf les modifications indiquées au présent rapport, ou qui ressortiront de ses prochaines délibérations, dans les réponses par elle fournies aux questions que M. le ministre lui a soumises en 1839.

Parmi ces questions, il en est cependant une, sur laquelle elle sent le devoir d'insister avec une nouvelle force : c'est celle de l'urgence de la circonscription territoriale des Facultés. L'importance de cette question est telle, que de sa seule solution dépend plus que de celle de toute autre le bon et définitif succès du haut enseignement en France. Du jour où elle sera décrétée, la vie littéraire et académique des Facultés est assurée en même temps que la consolidation de l'influence honorable à laquelle elles aspirent; de ce jour une émulation sérieuse et toute morale s'empare des élèves, appelés à se développer sous les yeux même de leurs concitoyens, et préservés ainsi d'une bonne partie des dangers qui assiégent leur inexpérience; d'amples ressources matérielles sont fournies pour tous les besoins des établissements universitaires, et pour assurer aux professeurs cette dignité extérieure de la situation, dont l'absence compromet le succès des travaux de l'intelligence, et même, jusqu'à un certain point, l'influence personnelle que les maîtres sont appelés à exercer sur leurs élèves. A partir de ce moment, les grands corps universitaires deviendront pour les villes de leur siége de signalés bienfaits, même dans l'ordre des intérêts matériels, des titres de distinction et d'honneur, des agents d'une puissante et salutaire influence sur les populations des circonscriptions. Nous ne parlons pas des dangers contraires et bien réels, dont la rapidité extrême des communications menacerait dans un avenir prochain l'existence même des centres universitaires dans les provinces, s'il n'était pris à temps des mesures judicieuses et efficaces pour prévenir l'agglomération fatale et excessive des élèves dans les écoles de la capitale. La Faculté ne peut donc que conjurer M. le ministre, Grand-Maître, au nom des intérêts les plus chers, de mûrir cette grande mesure, et d'en hâter le plus possible la réalisation.

(Le rapporteur termine en réclamant pour son travail un indulgent accueil de la part de ses très-honorés collègues.)

HEPP,
Professeur de droit des gens.

Strasbourg, ce 17 avril 1845.

M. le recteur de l'Académie de Toulouse ayant adressé à M. le ministre un rapport relatif à certaines parties du régime de la Faculté de droit de cette ville, on a jugé utile de joindre cette pièce aux documents qui doivent être soumis à la haute Commission des études du droit.

Toulouse, le 14 avril 1845.

Monsieur le Ministre,

Je crois devoir signaler à votre attention une lacune très-fâcheuse à la Faculté de droit de Toulouse. Il n'y a point de cours spéciaux pour les étudiants de quatrième année. Il en résulte que les aspirants au doctorat ne sont point tenus à la résidence, du moins en fait ; qu'aux examens on ne peut se montrer exigeant pour des jeunes gens qui n'ont pu, en définitive, accroître leur instruction que par leur travail personnel, et qu'ainsi le grade de docteur doit être conféré à des sujets peu capables. Les étudiants de cette classe sont censés redoubler quelques-uns de leurs anciens cours, ce qui peut les fortifier dans leurs connaissances acquises, mais non leur en procurer de nouvelles ou de mieux approfondies.

Et cependant ces étudiants sont nécessaires pour assurer à MM. les professeurs le maintien de leurs appointements. Il suffit, en effet, d'une légère diminution dans le personnel des élèves pour entraîner une diminution sensible dans les émoluments. C'est encore là, Monsieur le ministre, un principe très-fâcheux.

Je comprends très-bien, Monsieur le ministre, qu'il ne peut point s'établir, sur ces points délicats, des réformes immédiates : il m'a paru néanmoins qu'il était de mon devoir de vous signaler 1° une lacune grave dans les cours de la Faculté ; 2° la nécessité de beaucoup d'indulgence dans les divers examens pour le doctorat, fait très-réel que j'ai remarqué moi-même ; 3° cette espèce de concurrence où les réglements placent les intérêts et la conscience des professeurs.

Je suis avec un profond respect,
Monsieur le ministre,
Votre très-humble et très-obéissant serviteur,

Le Recteur,

NOUSEILLES.

DOCUMENTS

STATISTIQUES SUR LES FACULTÉS DE DROIT

TABLEAU N° I.

Titres et nombres des chaires existant actuellement dans les Facultés de droit.

FACULTÉ D'AIX.

Chaire de	droit romain	1
—	Code civil	3
—	procédure civile et législation criminelle	1
—	droit commercial	1
—	droit administratif	1
	TOTAL	7

FACULTÉ DE CAEN.

Chaire de	droit romain	1
—	Code civil	3
—	procédure civile et législation criminelle	1
—	droit commercial	1
—	droit administratif	1
	TOTAL	7

FACULTÉ DE DIJON.

Chaire de	droit romain	1
—	Code civil	3
—	procédure civile et législation criminelle	1
—	droit commercial	1
—	droit administratif	1
	TOTAL	7

FACULTÉ DE GRENOBLE.

Chaire de	droit romain	1
—	Code civil	3
—	procédure civile et législation criminelle	1
—	droit commercial	1
—	droit administratif	1
	TOTAL	7

FACULTÉ DE PARIS.

Chaires des	Institutes de Justinien	2
—	Pandectes	1
—	Code civil	6
—	procédure civile et législation criminelle	2
—	droit commercial	1
—	droit administratif	1
Chaire de	droit constitutionnel français	1
—	histoire du droit romain et du droit français	1
—	droit des gens	1
—	législation criminelle comparée	1
—	introduction générale à l'étude du droit	1
	TOTAL	18

FACULTÉ DE POITIERS.

Chaire de	droit romain	1
—	Code civil	3
—	procédure civile et législation criminelle	1
—	droit commercial	1
—	droit administratif	1
	TOTAL	7

FACULTÉ DE RENNES.

Chaire de	droit romain	1
—	Code civil	3
—	procédure civile et législation criminelle	1
—	droit commercial	1
—	droit administratif	1
	TOTAL	7

FACULTÉ DE STRASBOURG.

Chaire de	droit romain	1
—	Code civil	3
—	procédure civile et législation criminelle	1
—	droit commercial	1
—	droit administratif	1
—	droit des gens *	1
	TOTAL	8

FACULTÉ DE TOULOUSE.

Chaire de	droit romain	1
—	Code civil	3
—	procédure civile et législation criminelle	1
—	droit commercial	1
—	droit administratif	1
—	droit public français *	1
	TOTAL	8

NOTA. Les chaires suivies d'un astérisque * n'existent pas dans les autres Facultés des départements.

TABLEAU

Nombre des étudiants, des inscriptions prises, des examens subis, dans les Facultés de droit, pen-

DÉSIGNATION DES FACULTÉS et DES ANNÉES.	NOMBRE moyen des élèves inscrits.	NOMBRE total des inscriptions prises dans l'année.	NOMBRE DES EXAMENS ET THÈSES						
			EXAMENS				THÈSES ou actes publics		TOTAL.
			pour le certificat de capacité.	POUR LES GRADES de bachelier	de licencié.	de docteur.	de licence.	de doctorat.	
FACULTÉ D'AIX.									
Année 1839-1840.	187	748	7	121	74	11	34	3	250
1840-1841.	179	716	3	101	92	10	41	»	247
1841-1842.	164	653	8	104	92	6	43	6	259
1842-1843.	150	602	10	86	86	10	37	4	233
1843-1844.	153	613	11	83	102	12	62	2	272
FACULTÉ DE CAEN.									
Année 1839-1840.	164	654	26	98	54	5	27	»	210
1840-1841.	148	594	24	83	103	6	48	2	268
1841-1842.	144	577	14	64	71	12	34	3	198
1842-1843.	129	514	13	70	57	5	32	5	182
1843-1844.	122	489	17	70	56	8	25	1	177
FACULTÉ DE DIJON.									
Année 1839-1840.	138	530	8	90	98	14	38	5	253
1840-1841.	146	583	13	86	80	14	41	2	238
1841-1842.	120	481	7	76	93	17	38	8	239
1842-1843.	140	538	14	84	93	16	38	7	252
1843-1844.	137	547	10	87	77	20	44	4	242
FACULTÉ DE GRENOBLE.									
Année 1839-1840.	160	641	8	85	87	5	36	2	223
1840-1841.	163	631	8	93	63	8	34	3	213
1841-1842.	169	673	7	97	73	9	34	3	223
1842-1843.	162	649	10	112	73	13	33	1	246
1843-1844.	156	622	14	96	86	5	44	4	249

N° II.

des certificats d'aptitude délivrés, et montant des droits acquittés, dant les cinq dernières années.

NOMBRE DE CERTIFICATS D'APTITUDE DÉLIVRÉS					MONTANT DES DROITS			
pour le certificat de capacité.	POUR LES GRADES			TOTAL.	d'inscriptions.	d'examens et de thèses.	de diplômes.	TOTAL.
	de bachelier.	de licencié.	de docteur.					
					fr.	fr.	fr.	fr.
7	62	34	3	106	11,220	26,050	3,996	41,266
3	52	41	»	96	10,740	26,250	4,212	41,202
8	49	43	6	106	9,825	27,990	3,864	41,679
10	36	36	4	86	9,030	24,500	3,624	37,154
11	38	61	2	112	9,195	30,670	3,948	43,813
25	47	27	»	99	9;900	19,860	3,036	32,796
24	44	47	2	117	8,985	28,810	3,228	41,023
10	33	33	3	79	8,670	21,160	3,264	33,094
12	27	28	5	72	7,725	19,180	2,628	29,533
17	34	24	1	76	7,350	17,990	2,652	27,992
8	49	38	5	100	8,250	27,190	3,233	38,673
15	40	40	2	97	8,745	25,230	4,236	38,211
7	40	38	8	93	7,215	26,310	4,692	38,217
10	42	36	7	95	8,370	26,750	1,644	36,764
8	38	45	4	95	8,205	26,070	3,348	37,623
8	37	36	2	83	9,615	23,430	3,396	36,441
7	35	34	3	79	9,765	22,000	2,736	34,501
7	32	34	3	76	10,125	22,750	3,228	36,103
9	46	31	1	87	9,735	21,440	2,988	37,163
13	46	43	4	106	9,330	26,790	3,636	39,756

Tableau n° 11.

DÉSIGNATION DES FACULTÉS et DES ANNÉES.	NOMBRE moyen des élèves inscrits.	NOMBRE total des inscriptions prises dans l'année.	NOMBRE DES EXAMENS ET THÈSES						
			EXAMENS				THÈSES ou actes publics		TOTAL.
			pour le certificat de capacité.	POUR LES GRADES de bachelier	de licencié.	de docteur.	de licence.	de doctorat.	
FACULTÉ DE PARIS.									
Année 1839-1840.	2,798	11,193	88	1,970	1,667	98	683	25	4,531
1840-1841.	2,742	10,967	77	2,000	1,504	131	634	47	4,393
1841-1842.	2,537	10,147	68	1,904	1,311	132	553	42	4,010
1842-1843.	2,470	9,879	72	1,840	1,513	162	624	54	4,265
1843-1844.	2,549	10,196	63	1,871	1,354	174	611	65	4,138
FACULTÉ DE POITIERS.									
Année 1839-1840.	181	723	7	110	105	14	48	7	291
1840-1841.	183	731	10	115	123	17	61	4	330
1841-1842.	184	733	9	121	106	14	42	3	295
1842-1843.	171	684	7	110	115	20	56	6	314
1843-1844.	149	596	11	92	95	14	51	7	270
FACULTÉ DE RENNES.									
Année 1839-1840.	184	736	3	110	113	8	46	1	281
1840-1841.	194	777	2	111	101	7	57	4	282
1841-1842.	187	747	1	132	114	10	45	1	303
1842-1843.	178	712	5	124	122	11	51	»	313
1843-1844.	167	667	1	96	112	10	53	»	272
FACULTÉ DE STRASBOURG.									
Année 1839-1840.	105	422	6	63	47	14	24	4	158
1840-1841.	92	369	9	49	61	10	20	4	153
1841-1842.	77	308	3	38	50	14	32	3	140
1842-1843.	76	304	5	43	48	9	27	1	133
1843-1844.	86	346	6	50	39	10	14	5	124
FACULTÉ DE TOULOUSE.									
Année 1839-1840.	543	2,173	21	342	384	15	196	8	966
1840-1841.	554	2,217	23	319	233	20	145	3	793
1841-1842.	507	2,029	8	341	282	8	103	2	744
1842-1843.	503	2,013	21	343	310	12	124	3	813
1843-1844.	450	1,800	22	287	322	16	158	7	812

(Suite.)

NOMBRE DE CERTIFICATS D'APTITUDE DÉLIVRÉS					MONTANT DES DROITS			
pour le certificat de capacité.	POUR LES GRADES de bachelier.	de licencié.	de docteur.	TOTAL.	d'inscriptions.	d'examens et de thèses.	de diplômes.	TOTAL.
					fr.	fr.	fr.	fr.
56	676	607	19	1,358	168,000	451,150	54,399	673,549
44	672	552	37	1,305	164,790	434,400	52,484	651,674
44	696	484	36	1,260	152,370	396,430	50,036	598,856
48	642	545	45	1,280	148,470	426,790	51,442	626,702
40	609	538	56	1,243	153,450	413,340	50,408	617,198
7	57	46	7	117	10,890	31,630	5,088	47,608
10	51	58	3	122	10,965	35,490	6,960	53,413
8	65	39	3	115	11,025	30,720	4,272	46,017
6	41	55	5	107	10,260	33,590	1,956	45,806
6	45	49	7	107	8,955	29,730	4,224	42,909
3	53	44	1	101	11,040	29,520	4,344	44,904
2	49	56	3	110	11,655	31,070	3,612	46,337
1	60	44	1	106	11,205	31,290	4,740	47,235
5	65	50	»	120	10,680	33,130	4,296	48,106
1	44	52	»	97	10,005	29,530	3,648	43,183
6	35	23	4	68	6,330	17,040	2,268	25,638
8	28	20	4	60	5,535	16,200	2,508	24,243
3	19	31	3	56	4,620	16,180	1,824	22,624
5	19	23	1	48	4,560	14,310	1,836	20,706
6	17	13	5	41	5,190	12,500	1,817	19,507
20	157	196	8	381	32,910	106,670	15,396	154,976
21	146	142	3	292	33,255	84,860	15,987	133,902
6	140	99	2	247	30,570	74,760	7,536	112,866
20	163	119	3	305	30,240	84,320	11,897	126,457
15	128	151	7	301	27,180	87,880	12,425	127,485

TABLEAU N° III.

Traitements fixes et éventuels des professeurs et des suppléants des Facultés de droit, pendant les cinq dernières années.

DÉSIGNATION DES FACULTÉS ET DES ANNÉES.	TRAITEMENTS DES PROFESSEURS.			TRAITEMENTS DES SUPPLÉANTS.		
	Fixe.	Eventuel.	Total.	Fixe.	Eventuel.	Total.
FACULTÉ D'AIX.	fr.	fr.	fr.	fr.	fr.	fr.
Année 1840.	3,000	2,600	5,600	1,000	1,267	2,267
1841.	3,000	2,600	5,600	1,000	1,267	2,267
1842.	3,000	2,600	5,600	1,000	1,267	2,267
1843.	3,000	2,600	5,600	1,000	1,267	2,267
1844.	3,000	2,600	5,600	1,000	1,267	2,267
FACULTÉ DE CAEN.						
Année 1840.	3,000	2,600	5,600	1,000	1,267	2,267
1841.	3,000	2,600	5,600	1,000	1,267	2,267
1842.	3,000	2,150	5,150	1,000	1,017	2,017
1843.	3,000	2,150	5,150	1,000	1,017	2,017
1844.	3,000	2,150	5,150	1,000	1,017	2,017
FACULTÉ DE DIJON.						
Année 1840.	3,000	2,150	5,150	1,000	1,017	2,017
1841.	3,000	2,150	5,150	1,000	1,017	2,017
1842.	3,000	2,150	5,150	1,000	1,017	2,017
1843.	3,000	2,150	5,150	1,000	1,017	2,017
1844.	3,000	2,150	5,150	1,000	1,017	2,017
FACULTÉ DE GRENOBLE.						
Année 1840.	3,000	2,600	5,600	1,000	1,267	2,267
1841.	3,000	2,600	5,600	1,000	1,267	2,267
1842.	3,000	2,600	5,600	1,000	1,267	2,267
1843.	3,000	2,600	5,600	1,000	1,267	2,267
1844.	3,000	2,600	5,600	1,000	1,267	2,267

Tableau n° III (Suite).

DÉSIGNATION DES FACULTÉS ET DES ANNÉES.	TRAITEMENTS DES PROFESSEURS.			TRAITEMENTS DES SUPPLÉANTS.		
	Fixe.	Eventuel.	Total.	Fixe.	Eventuel.	Total.
FACULTÉ DE PARIS.	fr.	fr. c.	fr. c.	fr.	fr. c.	fr. c.
Année 1840.	5,400	8,984 72	14,384 72	1,000	3,384 44	4,384 44
1841.	5,400	8,710 55	14,110 55	1,000	2,747 77	3,747 77
1842.	5,400	8,013 88	13,413 88	1,000	2,831 11	3,831 11
1843.	5,400	8,180 55	13,580 55	1,000	3,440 »	4,440 »
1844.	5,400	8,018 61	13,418 61	1,000	3,170 »	4,170 »
FACULTÉ DE POITIERS.						
Année 1840.	3,000	2,600	5,600	1,000	1,267	2,267
1841.	3,000	2,600	5,600	1,000	1,267	2,267
1842.	3,000	2,600	5,600	1,000	1,267	2,267
1843.	3,000	2,600	5,600	1,000	1,267	2,267
1844.	3,000	2,600	5,600	1,000	1,267	2,267
FACULTÉ DE RENNES.						
Année 1840.	3,000	2,600	5,600	1,000	1,267	2,267
1841.	3,000	2,600	5,600	1,000	1,267	2,267
1842.	3,000	2,600	5,600	1,000	1,267	2,267
1843.	3,000	2,600	5,600	1,000	1,267	2,267
1844.	3,000	2,600	5,600	1,000	1,267	2,267
FACULTÉ DE STRASBOURG.						
Année 1840.	3,000	2,150	5,150	1,000	1,017	2,017
1841.	3,000	1,500	4,500	1,000	667	1,667
1842.	3,000	1,500	4,500	1,000	667	1,667
1843.	3,000	1,500	4,500	1,000	667	1,667
1844.	3,000	1,500 (1)	4,500	1,000	667	1,667
FACULTÉ DE TOULOUSE.						
Année 1840.	3,000	4,600	7,600	1,000	2,300	3,300
1841.	3,000	4,600	7,600	1,000	2,300	3,300
1842.	3,000	4,600	7,600	1,000	2,300	3,300
1843.	3,000	4,600	7,600	1,000	2,300	3,300
1844.	3,000	4,600	7,600	1,000	2,300	3,300

(1) D'après une décision du 14 mars 1845, relative à la fixation du minimum de l'éventuel des Facultés qui comptent moins de 100 élèves, le traitement éventuel des professeurs de la Faculté de Strasbourg sera élevé de 1,500 à 2,150 fr.

TABLEAU N° IV.

Nombre des professeurs et des suppléants des Facultés de droit.

DÉSIGNATION DES FACULTÉS.	NOMBRE de CHAIRES.	NOMBRE de PROFESSEURS.	NOMBRE de SUPPLÉANTS.	OBSERVATIONS.
Faculté d'Aix	7	7	2	Une chaire de Code civil est vacante.
Faculté de Caen	7	7	2	Les deux places de suppléant sont vacantes.
Faculté de Dijon	7	7	2	
Faculté de Grenoble	7	7	2	
Faculté de Paris	18	18	7	Les chaires de droit administratif et d'histoire du droit sont vacantes. Un suppléant spécial est chargé du cours de droit administratif. Une place de suppléant est également vacante.
Faculté de Poitiers	7	7	2	
Faculté de Rennes	7	7	2	Une place de suppléant est vacante.
Faculté de Strasbourg	8	8	2	Une place de suppléant est vacante.
Faculté de Toulouse	8	8	4	La chaire de droit public français est vacante.
Totaux	76	76	25	

TABLEAU N° V.

Droits à acquitter pour les divers grades dans les cinq ordres de Facultés.

I. Facultés de droit.

Pour le certificat de capacité des étudiants qui se destinent à être avoués.	4 inscriptions à 15 fr.	60	130 fr.
	1 examen	30	
	Certificat de capacité	40	
Baccalauréat	8 inscriptions à 15 fr.	120	326 fr.
	Premier examen	60	
	Deuxième examen	60	
	Certificat d'aptitude	50	
	Droit de diplôme	36	
Licence	4 inscriptions à 15 fr.	60	488
	Premier examen	90	
	Deuxième examen	90	
	Thèse ou acte public	120	
	Certificat d'aptitude	80	
	Droit de diplôme	48	
	Montant des droits à acquitter pour parvenir à la licence		814 fr.
Doctorat	4 inscriptions à 15 fr.	60	508 fr.
	Premier examen	90	
	Deuxième examen	90	
	Thèse ou acte public	120	
	Certificat d'aptitude	100	
	Droit de diplôme	48	
	Total des droits à acquitter pour parvenir au doctorat		1,322 fr.

II. Facultés de médecine.

Doctorat	15 inscriptions à 50 fr.	750	
	1 inscription à 35	35	
	Droits de 5 examens à 30 fr.	150	
	Droit du sixième examen ou thèse	65	
	Droit de diplôme	100	
	Total des droits à acquitter pour parvenir au doctorat		1,100 fr.

III. Facultés des sciences.

Baccalauréat	Droit d'examen	24	60 fr.
	Droit de diplôme	36	
Licence	Droit de 4 inscriptions	1	72
	Droit d'examen	24	
	Droit de diplôme	36	
	Montant des droits à acquitter pour parvenir à la licence		132 fr.
Doctorat	Droit d'examen	48	120
	Droit de diplôme	72	
	Total des droits à acquitter pour parvenir au doctorat		252 fr.

IV. Facultés des lettres.

Baccalauréat	Droit d'examen	24	60 fr.
	Droit de diplôme	36	
Licence	Droit de 4 inscriptions	12	72
	Droit d'examen	24	
	Droit de diplôme	36	
	Montant des droits à acquitter pour parvenir à la licence		132 fr.
Doctorat	Droit d'examen	48	120
	Droit de diplôme	72	
	Total des droits à acquitter pour parvenir au doctorat		252 fr.

V. Facultés de théologie.

Baccalauréat	Droit d'examen	10	25 fr.
	Droit de diplôme	15	
Licence	Droit d'examen	10	25
	Droit de diplôme	15	
Doctorat	Droit d'examen	10	60
	Droit de diplôme	50	
	Total des droits à acquitter pour parvenir au doctorat		110 fr.

TABLE DES MATIÈRES.

www.ingramcontent.com/pod-product-compliance
Ingram Content Group UK Ltd.
Pitfield, Milton Keynes, MK11 3LW, UK
UKHW021042230726
13926UKWH00004B/1617